Klick! 5

Mathematik

Herausgegeben von
Prof. Dr. Franz B. Wember

Erarbeitet von
Dr. Thomas Breucker
Doris Keuck
Petra Thoß
Ines Zemkalis

Unter Beratung von
Bärbel Becher
Dr. Stefanie Breuers
Meike Busch
Daniela Buss
Kerstin Gärtig
Birgit Leuermann
Daniela Linde
Cornelia Michalski
Dr. Axel Mittelberg

Inhaltsverzeichnis

Subtraktion 1

Kreis

Subtraktion 2

Rauminhalte

Multiplikation

Zeit

Umfang

Körper

Division

Geld

Längen

schwierige Aufgaben

Entdeckeraufgaben

Partnerarbeit

Gruppenarbeit

Mathematisieren

Kontrollzahlen

Projektaufgaben

0
500
1000
100
200
300
400
500
600
700
800
900
1000
42 · 3
126
KG

Addition bis 100

1

Im Schulbus sitzen 57 Kinder.
18 steigen dazu.

Wie kannst du rechnen?

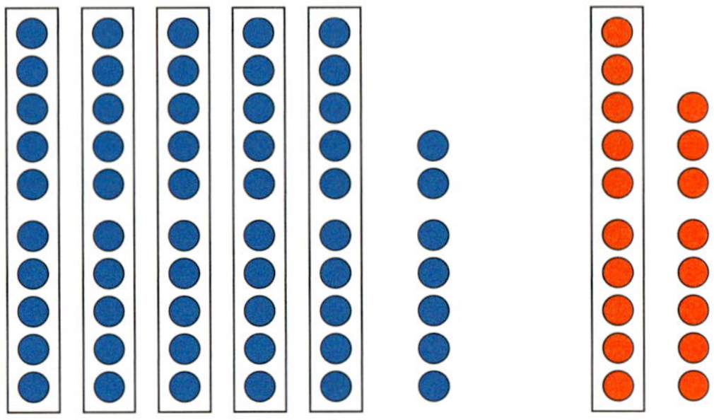

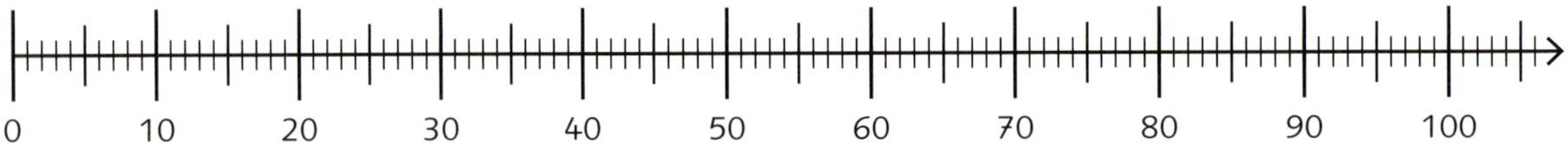

2

a)	b)	c)	d)	e)
38 + 45	19 + 72	19 + 23	27 + 27	18 + 57
47 + 35	47 + 24	44 + 38	38 + 38	64 + 27
56 + 25	35 + 56	75 − 27	49 + 49	78 − 46
65 + 15	69 + 11	30 + 56	16 + 16	19 + 75
74 + 5	93 − 8	80 + 11	50 + 50	53 + 27

🔑 32 32 42 48 54 71 75 76 79 80 80 80 81 82 82 83 85 86 90 91 91 91 91 94 98 100

3

a)	b)	c)	d)	e)
38 + 25	19 + 54	43 + 28	77 + 23	92 − 17
97 − 37	29 + 55	42 + 38	69 + 18	23 + 56
76 + 23	39 + 56	41 + 48	54 + 42	47 + 34
15 + 64	49 + 47	40 + 58	100 − 25	25 + 68
90 + 10	59 + 38	39 + 18	35 + 48	59 + 21

🔑 57 60 63 71 73 75 75 79 79 80 80 81 83 84 85 87 89 93 95 96 96 97 98 99 100 100

4

a)	b)	c)	d)
19 + 15 = 34	23 + 19 = ☐	16 + 18 = ☐	19 + 17 = ☐
34 + 15 = ☐	42 + 19 = ☐	34 + ☐ = ☐	36 + ☐ = ☐
49 + ☐ = ☐	61 + ☐ = ☐	☐ + ☐ = ☐	☐ + ☐ = ☐
☐ + ☐ = ☐	☐ + ☐ = ☐	☐ + ☐ = ☐	☐ + ☐ = ☐

5 Rechne. Was fällt dir auf?

a)	b)	c)	d)	e)
49 + 24	35 + 56	62 + 19	75 + 16	53 + 12
24 + 49	■ + ■	■ + ■	■ + ■	■ + ■
63 + 28	18 + 34	17 + 22	89 + 11	71 + 23
■ + ■	■ + ■	■ + ■	■ + ■	■ + ■

6 Zahlenmauern. Übertrage in dein Heft und ergänze.

a)

19	23	38

b)

46	15	18

c)

25		51

d)

60		

e)

	16	

f)

		13

7 Erfinde viele Plusaufgaben. Verwende diese Zahlen:

a) 25 63 81 17 39 55

b) 66 24 18 42 30 78

8

Paul

6 5 + 1 1 = 7 6

2 7 + 2 5

2 7 + 1 3

a) Erfinde viele Plusaufgaben, in denen mindestens eine dieser Zahlen vorkommt:

65, 27, 19, 35, 84, 16.

Fatima

2 7 + 3 9 = 6 5

6 5 + 2 7

1 8 + ■ = 6 5

b) Tauscht die Aufgaben untereinander aus und rechnet.

c) Erstelle für deine Aufgaben ein Lösungsblatt und kontrolliere.

9

a) Ich denke mir eine Zahl. Sie ist um 11 größer als 88.

b) Ich denke mir eine Zahl. Sie ist um 15 größer als 35.

c) Ich denke mir eine Zahl. Sie ist um 29 größer als 22.

d) Ich denke mir eine Zahl. Sie ist um 38 größer als 47.

e) Ich denke mir eine Zahl. Sie ist um 56 größer als 25.

Subtraktion bis 100

1

Im Schulbus sitzen 65 Kinder.
17 steigen aus.

Wie kannst du rechnen?

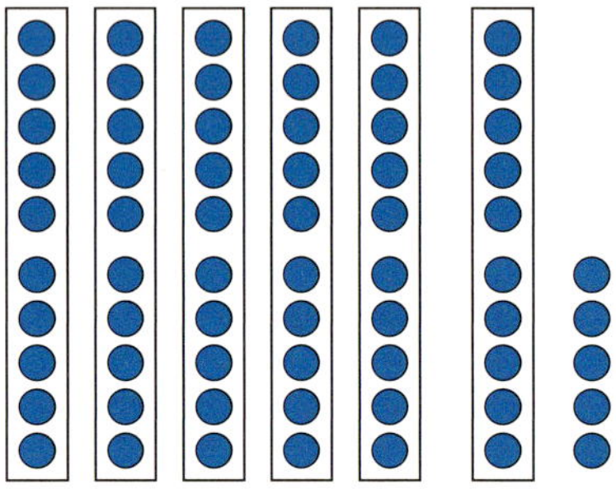

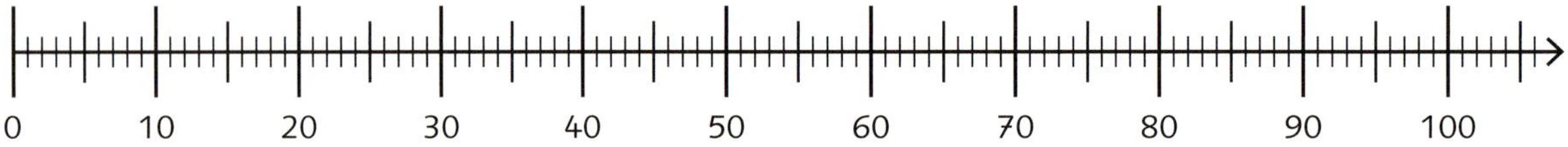

2

a)	b)	c)	d)	e)
79 − 28	99 − 16	65 − 36	75 − 26	95 − 17
98 − 19	88 − 16	91 − 12	85 − 36	62 − 49
57 − 35	77 − 16	52 + 35	95 − 46	83 − 35
64 − 47	66 − 16	78 − 48	15 + 56	74 + 26
35 − 15	55 − 16	43 − 29	65 − 26	56 − 46

10 13 14 17 20 22 29 30 39 39 48 49 49 49 50 51 61 71 72 75 78 79 79 83 87 100

3

a)	b)	c)	d)	e)
84 − 13	100 − 99	43 − 24	65 − 46	65 − 18
84 − 14	67 − 28	54 − 35	74 − 65	74 − 27
84 − 15	82 − 62	65 − 46	96 − 28	83 − 36
84 − 16	59 + 41	76 − 57	43 − 14	92 − 45
84 − 17	75 − 36	87 − 68	87 − 52	56 − 9

1 9 19 19 19 19 19 19 20 29 35 39 39 47 47 47 47 47 63 67 68 68 69 70 71 100

4

a)	b)	c)	d)
100 − 25 = 75	55 − 13 = ☐	94 − 16 = ☐	78 − 18 = ☐
75 − 25 = ☐	42 − 13 = ☐	78 − ☐ = ☐	60 − ☐ = ☐
50 − ☐ = ☐	29 − ☐ = ☐	☐ − ☐ = ☐	☐ − ☐ = ☐
☐ − ☐ = ☐	☐ − ☐ = ☐	☐ − ☐ = ☐	☐ − ☐ = ☐

5 Rechne. Was fällt dir auf?

a)	b)	c)	d)	e)
73 + 12	37 + 44	25 + 56	66 + 25	52 + 33
85 − 12	□ − 44	□ − 25	□ − □	□ − □
56 + 23	19 + 65	83 + 18	48 + 35	27 + 68
79 − 23	□ − 65	□ − 83	□ − □	□ − □

6 Zahlenmauern. Übertrage in dein Heft und ergänze.

a)
100
47 | □
19 | □ | □

b)
67
□ | 25
□ | □ | 12

c)
87
□ | □
51 | 11 | 14

d)
75
33 | □
12 | □ | □

e)
99
□ | □
□ | □ | □

f)
66
□ | □
□ | □ | □

Wie kannst du rechnen?

7

a)	b)	c)	★ d)
45 + □ = 89	□ + 19 = 72	26 + □ = 41	99 = 23 + □
43 + □ = 89	□ + 47 = 64	□ + 57 = 72	88 = 23 + □
41 + □ = 89	□ + 11 = 100	□ + 48 = 93	77 = 23 + □
39 + □ = 89	□ + 11 = 88	74 + □ = 100	66 = □ + 23

15 15 17 26 43 44 45 46 48 50 53 54 65 76 77 89 90

8

a)	b)	c)	★ d)
78 − □ = 56	□ − 12 = 78	56 − □ = 41	57 = 76 − □
78 − □ = 55	□ − 25 = 66	□ − 13 = 74	46 = 76 − □
78 − □ = 54	□ − 31 = 51	□ − 22 = 53	35 = 76 − □
78 − □ = 53	□ − 43 = 32	100 − □ = 74	24 = □ − 52

15 19 20 22 23 24 25 26 30 41 75 75 76 82 87 90 91

9
a) Ich denke mir eine Zahl. Sie ist um 33 kleiner als 99.
b) Ich denke mir eine Zahl. Sie ist um 19 kleiner als 50.
c) Ich denke mir eine Zahl. Sie ist um 99 kleiner als 100.
d) Ich denke mir eine Zahl. Sie ist um 46 kleiner als 72.
e) Ich denke mir eine Zahl. Sie ist um 55 kleiner als 61.

Rechendreiecke und Zauberquadrate

1 Rechendreiecke. Schreibe die Aufgaben in dein Heft und rechne.

a)
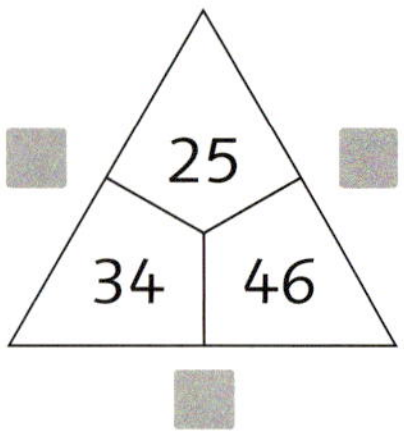

b)
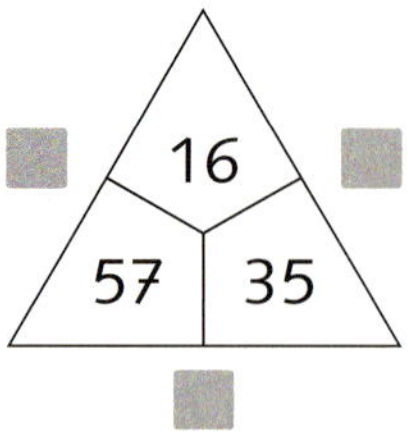

c)
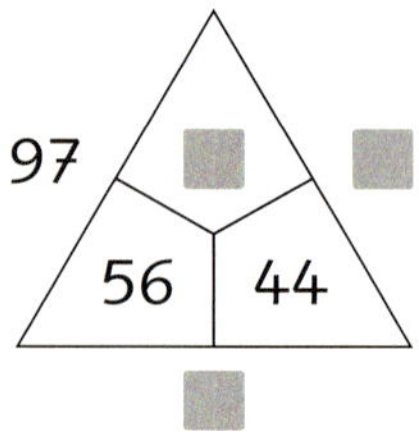

d)
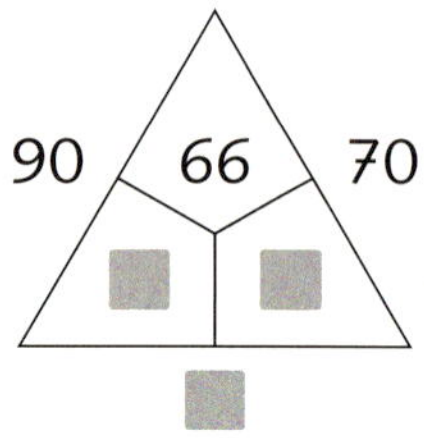

2 Zauberquadrate. Wie heißt die magische Zahl?
Schreibe die Aufgaben in dein Heft und rechne.

a)
13 + 14 + 15 = ▢
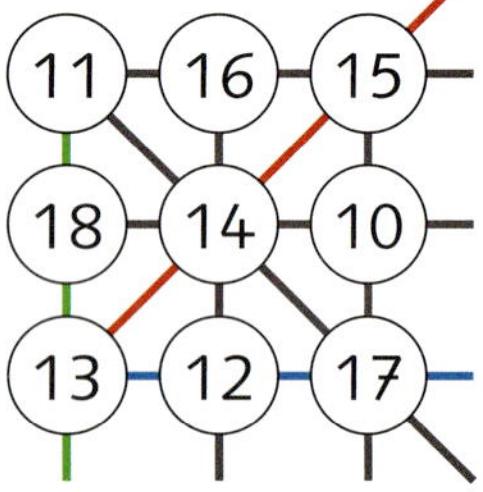

13 + 12 + 17 = ▢
11 + 18 + 13 = ▢

b)
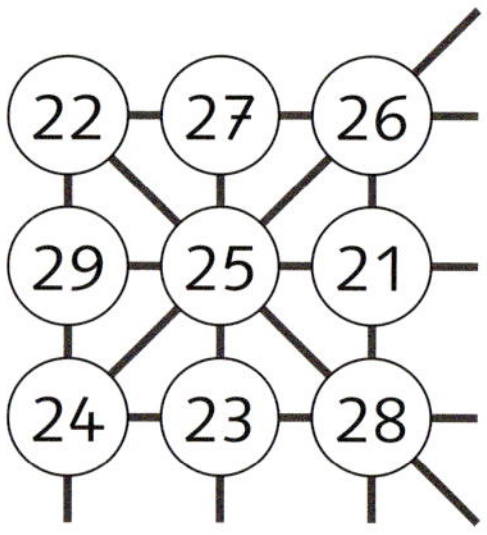

3 Wie heißt die magische Zahl? Ergänze die Zauberquadrate.

a)
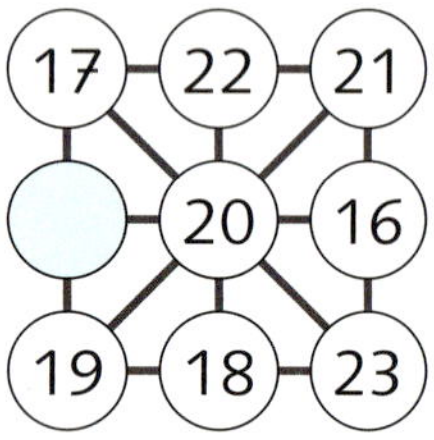

b)
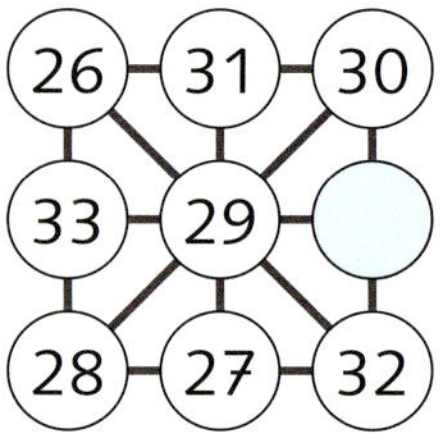

c)
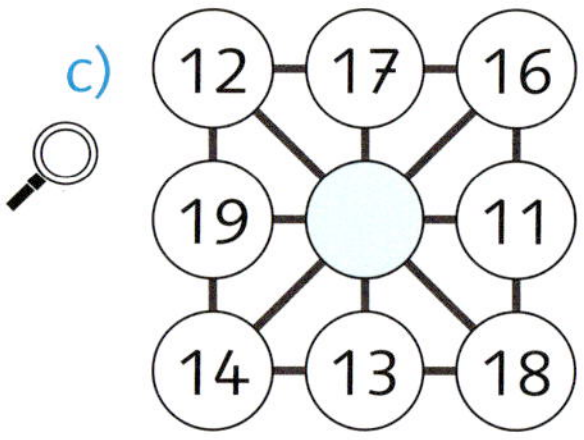

4 Aufgabenfamilien

a) 35 | 47 | 82

35 + 47 = ▢ 82 − 47 = ▢
47 + 35 = ▢ 82 − 35 = ▢

b) 28 | 56 | 84

84 − 56 = ▢ 28 + 56 = ▢
▢ − ▢ = ▢ ▢ + ▢ = ▢

c) 12 | 69 | 81
d) 46 | 31 | 77
e) 47 | 52 | 99
f) 71 | 100 | 29

g) 25 | 36 | ▢
h) 34 | 55 | ▢
i) ▢ | 57 | 100
k) 19 | ▢ | 89

Sachrechnen

1 Mona würde sich gerne die Tasse und den Fußball kaufen.
Sie hat 82 € gespart.

2 Ole möchte sich das Trikot, die Tasse und das Poster kaufen.
Von seinen Omas hat er zusammen 100 € zum Geburtstag bekommen.

3 ★ Ömer hat 70 € gespart.
Er würde sich gerne das Trikot und den Fußball kaufen.

4 Was würdest du dir kaufen? Erfinde Rechengeschichten.
Stelle sie deiner Klasse vor.

5 Erfinde Rechengeschichten zu 5 €, 50 € und 21 €.

6
a) Erfinde nun Rechengeschichten zu den Zahlen 2, 55 und 62.
b) Tausche sie mit deinem Nachbarn aus. Vergleicht die Ergebnisse.

7
a) Erfinde eine Rechengeschichte, bei der du das Ergebnis 74 erhältst.
b) ★ Erfinde Rechengeschichten mit den Ergebnissen 64, 29 und 100.

8 Aufgabenfamilien

a)

29 68 97	
29 + 68 = ▢	97 − 68 = ▢
68 + 29 = ▢	97 − 29 = ▢

b)

14 37 51	
51 − 37 = ▢	14 + 37 = ▢
▢ − ▢ = ▢	▢ + ▢ = ▢

c) 20 | 79 | 99

d) 19 | 65 | 84

e) 38 | 49 | 87

f) 72 | 100 | 28

g) 32 | 39 | ▢

h) 22 | 66 | ▢

i) ▢ | 34 | 80

k) 48 | ▢ | 99

Kopfrechnen: Multiplikation und Division

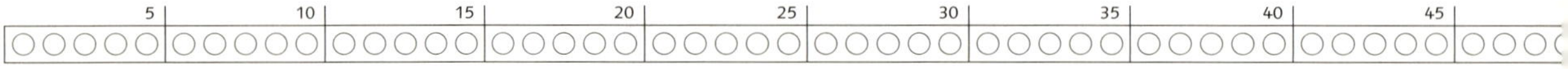

1 Welche Zahlen sind verdeckt? Erkennst du die Einmaleinsreihe?

a)

1		3		5		7		9	
11		13		15		17		19	
21	22	23	24	25	26	27	28	29	30
31	32	33	34	35	36	37	38	39	40
41	42	43	44	45	46	47	48	49	50
51	52	53	54	55	56	57	58	59	60
61	62	63	64	65	66	67	68	69	70
71	72	73	74	75	76	77	78	79	80
81	82	83	84	85	86	87	88	89	90
91	92	93	94	95	96	97	98	99	100

b)

1	2	3		5	6	7		9	10
11		13	14	15		17	18	19	
21	22	23		25	26	27		29	30
31		33	34	35		37	38	39	
41	42	43	44	45	46	47	48	49	50
51	52	53	54	55	56	57	58	59	60
61	62	63	64	65	66	67	68	69	70
71	72	73	74	75	76	77	78	79	80
81	82	83	84	85	86	87	88	89	90
91	92	93	94	95	96	97	98	99	100

c)

1	2	3	4	5	6	7		9	10
11	12	13	14	15		17	18	19	20
21	22	23		25	26	27	28	29	30
31		33	34	35	36	37	38	39	
41	42	43	44	45	46	47		49	50
51	52	53	54	55		57	58	59	60
61	62	63		65	66	67	68	69	70
71		73	74	75	76	77	78	79	
81	82	83	84	85	86	87	88	89	90
91	92	93	94	95	96	97	98	99	100

2 2er-Reihe

a)	b)	c)	d)	e)	f)
1 · 2	3 · 2	7 · 2	6 · 2	20 : 2	8 : 2
2 · 2	4 · 2	8 · 2	10 · 2	10 : 2	18 : 2
5 · 2	6 · 2	9 · 2	0 · 2	4 : 2	12 : 2
10 · 2	7 · 2	10 · 2	8 · 2	14 : 2	16 : 2

3 4er-Reihe

a)	b)	c)	d)	e)	f)
1 · 4	3 · 4	7 · 4	9 · 4	40 : 4	16 : 4
2 · 4	4 · 4	8 · 4	8 · 4	20 : 4	36 : 4
5 · 4	6 · 4	9 · 4	7 · 4	8 : 4	24 : 4
10 · 4	7 · 4	10 · 4	4 · 4	28 : 4	32 : 4

4 8er-Reihe

a)	b)	c)	d)	e)	f)
1 · 8	3 · 8	7 · 8	9 · 8	80 : 8	32 : 8
2 · 8	4 · 8	8 · 8	7 · 8	40 : 8	72 : 8
5 · 8	6 · 8	9 · 8	8 · 8	16 : 8	48 : 8
10 · 8	7 · 8	10 · 8	4 · 8	56 : 8	64 : 8

5 Was fällt dir auf?

a)	b)	c)	d)	e)	f) ★
10 · 2	3 · 4	7 · 8	9 · 2	6 · 8	■ · ■
20 : 2	■ : 4	■ : 8	■ : 2	■ : ■	■ : ■

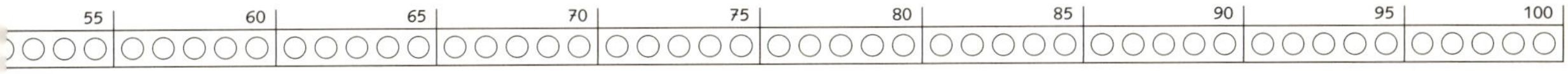

6 Welche Zahlen sind verdeckt? Erkennst du die Einmaleinsreihe?

a)

1	2		4	5		7	8		10
11		13	14		16	17		19	20
	22	23		25	26		28	29	
31	32	33	34	35	36	37	38	39	40
41	42	43	44	45	46	47	48	49	50
51	52	53	54	55	56	57	58	59	60
61	62	63	64	65	66	67	68	69	70
71	72	73	74	75	76	77	78	79	80
81	82	83	84	85	86	87	88	89	90
91	92	93	94	95	96	97	98	99	100

b)

1	2	3	4	5		7	8	9	10
11		13	14	15	16	17		19	20
21	22	23		25	26	27	28	29	
31	32	33	34	35		37	38	39	40
41		43	44	45	46	47		49	50
51	52	53		55	56	57	58	59	
61	62	63	64	65	66	67	68	69	70
71	72	73	74	75	76	77	78	79	80
81	82	83	84	85	86	87	88	89	90
91	92	93	94	95	96	97	98	99	100

c)

1	2	3	4	5	6	7	8		10
11	12	13	14	15	16	17		19	20
21	22	23	24	25	26		28	29	30
31	32	33	34	35		37	38	39	40
41	42	43	44		46	47	48	49	50
51	52	53		55	56	57	58	59	60
61	62		64	65	66	67	68	69	70
71		73	74	75	76	77	78	79	80
	82	83	84	85	86	87	88	89	
91	92	93	94	95	96	97	98	99	100

7 3er-Reihe

a) 1 · 3, 2 · 3, 5 · 3, 10 · 3

b) 3 · 3, 4 · 3, 6 · 3, 7 · 3

c) 7 · 3, 8 · 3, 9 · 3, 10 · 3

d) 9 · 3, 7 · 3, 8 · 3, 4 · 3

e) 30 : 3, 15 : 3, 6 : 3, 21 : 3

f) 12 : 3, 27 : 3, 18 : 3, 24 : 3

8 6er-Reihe

a) 1 · 6, 2 · 6, 5 · 6, 10 · 6

b) 3 · 6, 4 · 6, 6 · 6, 7 · 6

c) 7 · 6, 8 · 6, 9 · 6, 10 · 6

d) 9 · 6, 8 · 6, 7 · 6, 4 · 6

e) 60 : 6, 30 : 6, 12 : 6, 42 : 6

f) 24 : 6, 54 : 6, 36 : 6, 48 : 6

9 9er-Reihe

a) 1 · 9, 2 · 9, 5 · 9, 10 · 9

b) 3 · 9, 4 · 9, 6 · 9, 7 · 9

c) 7 · 9, 8 · 9, 9 · 9, 10 · 9

d) 9 · 9, 7 · 9, 8 · 9, 4 · 9

e) 90 : 9, 45 : 9, 18 : 9, 63 : 9

f) 36 : 9, 81 : 9, 54 : 9, 72 : 9

10 Was fällt dir auf?

a) 10 · 9, 90 : 9

b) 3 · 6, ■ : 6

c) 7 · 9, ■ : 9

d) 9 · 3, ■ : 3

e) 6 · 9, ■ : ■

f) ★ ■ · ■, ■ : ■

11 Welche Zahlen sind verdeckt? Erkennst du die Einmaleinsreihe?

a)

1	2	3	4		6	7	8	9	
11	12	13	14		16	17	18	19	
21	22	23	24		26	27	28	29	
31	32	33	34		36	37	38	39	
41	42	43	44		46	47	48	49	
51	52	53	54	55	56	57	58	59	60
61	62	63	64	65	66	67	68	69	70
71	72	73	74	75	76	77	78	79	80
81	82	83	84	85	86	87	88	89	90
91	92	93	94	95	96	97	98	99	100

b)

1	2	3	4	5	6	7	8	9	
11	12	13	14	15	16	17	18	19	
21	22	23	24	25	26	27	28	29	
31	32	33	34	35	36	37	38	39	
41	42	43	44	45	46	47	48	49	
51	52	53	54	55	56	57	58	59	
61	62	63	64	65	66	67	68	69	
71	72	73	74	75	76	77	78	79	
81	82	83	84	85	86	87	88	89	
91	92	93	94	95	96	97	98	99	

c)

1	2	3	4	5	6		8	9	10
11	12	13		15	16	17	18	19	20
	22	23	24	25	26	27		29	30
31	32	33	34		36	37	38	39	40
41		43	44	45	46	47	48		50
51	52	53	54	55		57	58	59	60
61	62		64	65	66	67	68	69	
71	72	73	74	75	76	77	78	79	80
81	82	83	84	85	86	87	88	89	90
91	92	93	94	95	96	97	98	99	100

12 5er-Reihe

a)	b)	c)	d)	e)	f)
1 · 5	3 · 5	7 · 5	5 · 5	50 : 5	20 : 5
2 · 5	4 · 5	8 · 5	6 · 5	25 : 5	45 : 5
5 · 5	6 · 5	9 · 5	7 · 5	10 : 5	30 : 5
10 · 5	7 · 5	10 · 5	8 · 5	35 : 5	40 : 5

13 10er-Reihe

a)	b)	c)	d)	e)	f)
1 · 10	3 · 10	7 · 10	9 · 10	100 : 10	40 : 10
2 · 10	4 · 10	8 · 10	8 · 10	50 : 10	90 : 10
5 · 10	6 · 10	9 · 10	7 · 10	20 : 10	60 : 10
10 · 10	7 · 10	10 · 10	4 · 10	70 : 10	80 : 10

14 7er-Reihe

a)	b)	c)	d)	e)	f)
1 · 7	3 · 7	7 · 7	9 · 7	70 : 7	28 : 7
2 · 7	4 · 7	8 · 7	4 · 7	35 : 7	63 : 7
5 · 7	6 · 7	9 · 7	7 · 7	14 : 7	42 : 7
10 · 7	7 · 7	10 · 7	8 · 7	49 : 7	56 : 7

15 Was fällt dir auf?

a)	b)	c)	d)	e)	f)
10 · 10	3 · 5	7 · 10	9 · 7	6 · 5	■ · ■
100 : 10	■ : 5	■ : 10	■ : 7	■ : ■	■ : ■
5 · 5	7 · 7	3 · 10	8 · 5	4 · 7	■ · ■
■ : 5	■ : 7	■ : 10	■ : 5	■ : ■	■ : ■

16 Finde Malaufgaben mit dem gleichen Ergebnis.

(20)
2 · 10
4 · 5
10 · 2
5 · 4

a) 12 b) 36 c) 18 d) 35
e) 27 f) 14 g) 24 h) 32
i) 16 k) 30 l) 48 m) 63
n) 40 o) 28 p) 56 q) 70

17 Rechentabellen. Übertrage in dein Heft und rechne.

a)

·	2	4	8
2			
5			
10			

b)

·	3	6	9
2			
4			
8			

c)

·	0	7	9
7	0		
		56	
10			90

d)

·	6	7	8
3			
4			
5			

e)

·	2		6
4			
6			
8		32	

f)

·	9	8	7
	0		
7			
			35

18 Übertrage in dein Heft und ergänze.

Beispiel: 5 → · 5 → 25; 25 → : 5 → 5

a) 5 → · 5 → 25; 25 → : ■ → 5

b) 3 → · 7 → ■; ■ → : ■ → 3

c) 4 → · 8 → ■; ■ → : ■ → 4

d) 4 → · 9 → ■; ■ → : ■ → 4

e) ■ → · 6 → 42; 42 → : ■ → ■

f) 8 → · ■ → 56; 56 → : ■ → 8

19 Umkehraufgaben. Rechne im Heft.

a) 3 · 9 = 27
27 : 9 = ■

b) 6 · 7 = ■
■ : 7 = ■

c) 4 · 8 = ■
■ : ■ = ■

d) 7 · ■ = 35
■ : ■ = ■

Bündeln und entbündeln

1 a) Wie viele Pflastersteine liegen vor der Halle?

b) Wie viele Pflastersteine legen die Arbeiter in eine Reihe?

c) Wie viele Reihen legen die Arbeiter in eine Lage? Wie viele Pflastersteine sind das?

d) Wie viele Lagen stapeln die Arbeiter zu einem Block? Wie viele Reihen sind das? Wie viele Pflastersteine sind es?

e) Was war einfacher zu zählen, die Pflastersteine vor der Halle oder die gestapelten Pflastersteine? Begründe.

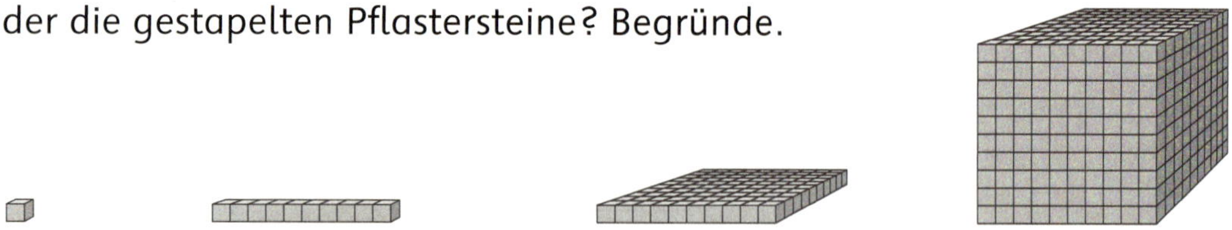

1 Pflasterstein | 1 Reihe Pflastersteine | 1 Lage Pflastersteine | 1 Block Pflastersteine

2 1 000 Dinge sammeln

Findet heraus, wie sich Heftzwecken, Büroklammern, Schrauben, Nägel, Zahnstocher, Steine, Murmeln, 1-Cent-Münzen, Perlen … am besten zählen lassen. Vergleicht eure Lösungen untereinander.

Tausenderblock Hunderterplatte Zehnerstange Einerwürfel

3 a) Wie viele Einerwürfel sind eine Zehnerstange? Probiere aus.

b) Wie viele Zehnerstangen sind eine Hunderterplatte? Probiere aus.

c) Wie viele Hunderterplatten sind ein Tausenderblock? Probiere aus.

4 a) 1 Zehnerstange besteht aus ☐ Einerwürfeln. 1 Z = ☐ E

b) 1 Hunderterplatte besteht aus ☐ Einerwürfeln. 1 H = ☐ E

c) 1 Tausenderblock besteht aus ☐ Einerwürfeln. 1 T = ☐ E

5 Wie viele Zehnerstangen sind ein Tausenderblock?

6 Lege und schreibe in die Stellenwerttafel. Welche Zahl ist dargestellt? Ordne zu.

H	Z	E
		1

H	Z	E
	1	0

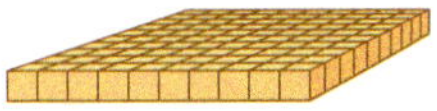

H	Z	E
1	0	0

A 

B 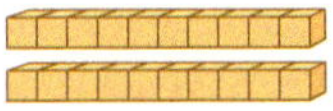

C 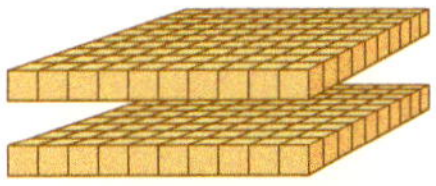

D 

E 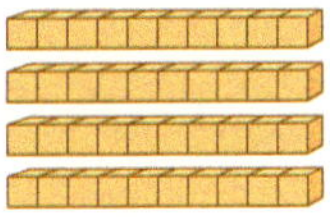

F 

G 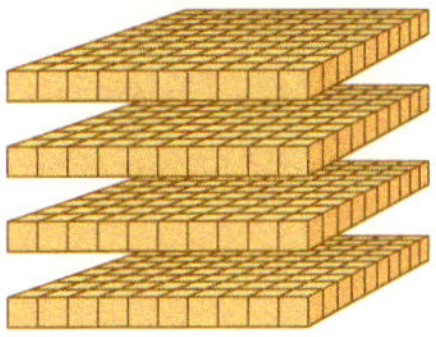

H 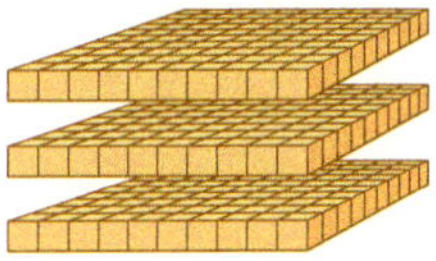

1

H	Z	E
		5

2

H	Z	E
	4	0

3

H	Z	E
		2

4

H	Z	E
4	0	0

5

H	Z	E
3	0	0

6

H	Z	E
	2	0

7

H	Z	E
2	0	0

8

H	Z	E
		4

7 Lege und schreibe in die Stellenwerttafel. Welche Zahl ist dargestellt?

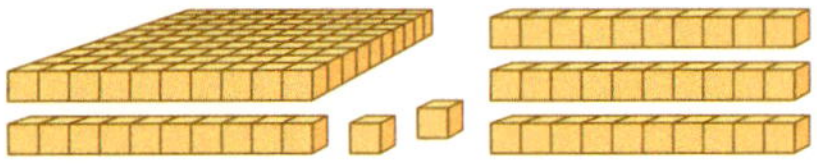

H	Z	E
1	4	2

a) 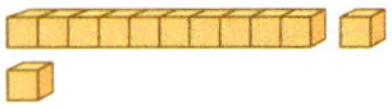

b) 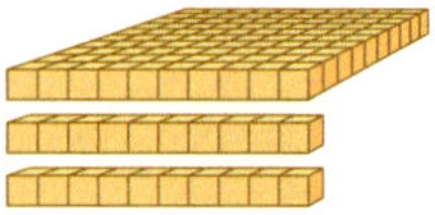

c) 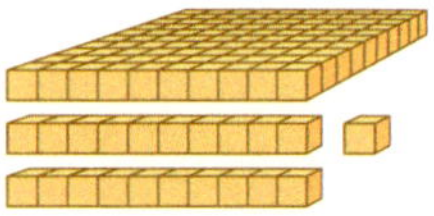

d) 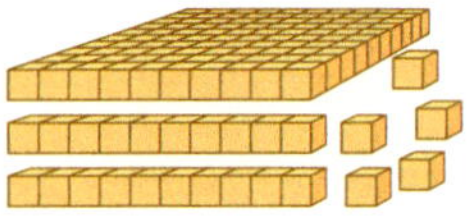

e) 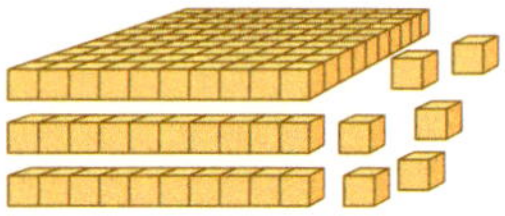

f) 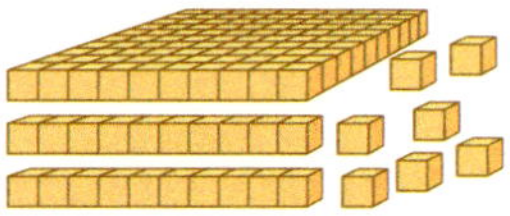

g) 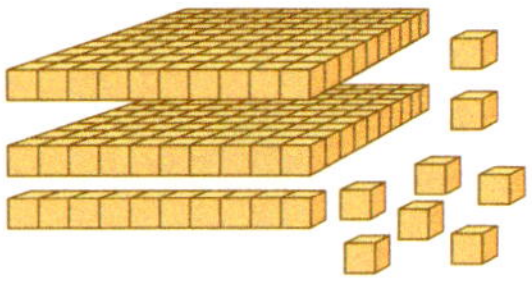

h) 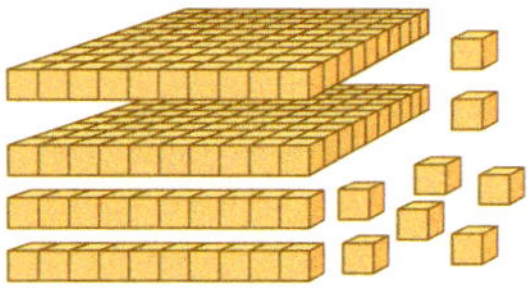

i) 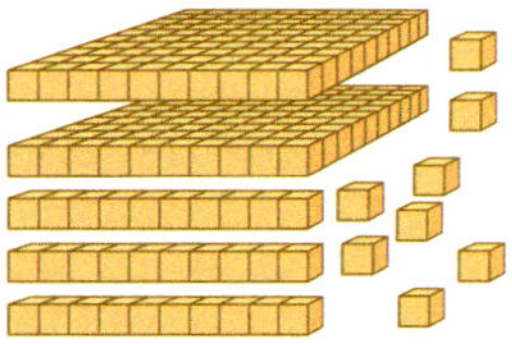

k) 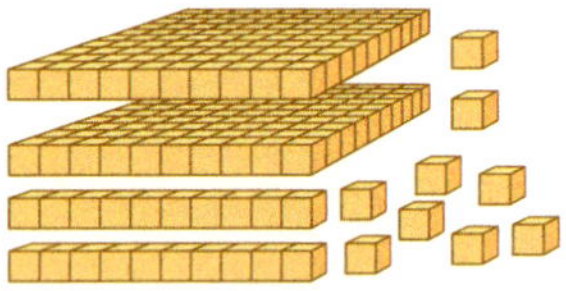

l) 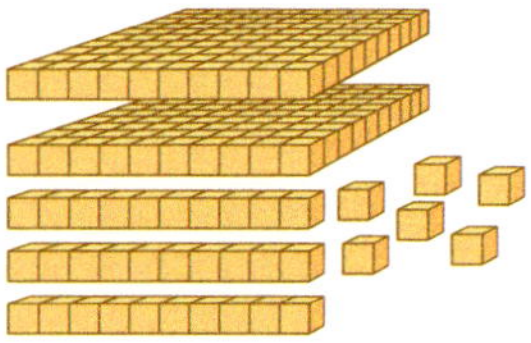

m) 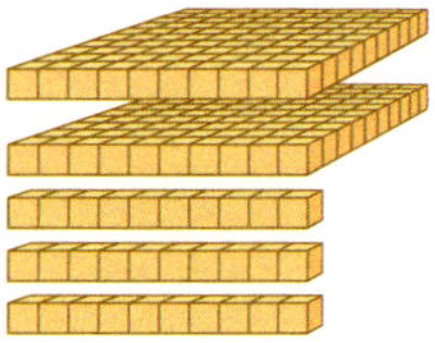

n) ★ 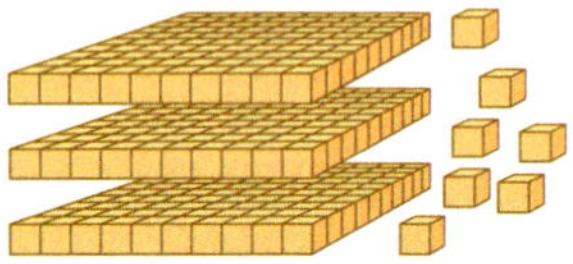

o) ★ 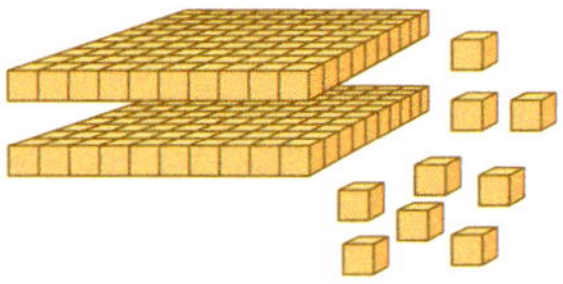

p) ★ 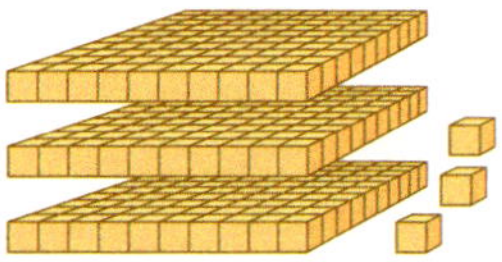

8 Lege mit Material und schreibe in die Stellenwerttafel.

a)	b)	c)	d)	e)	f)	g) ★
5	3	50	20	21	23	125
50	30	250	520	22	33	225
500	300	260	620	23	34	325

9 Lege mit Material und schreibe in die Stellenwerttafel.

a)	b)	c)	d)	e) ★	f) ★	g) ★
345	521	156	5	589	121	1000
346	531	256	55	590	120	999
347	541	356	555	591	119	989

10 Welche Zahl ist dargestellt? Kannst du sie auch mit weniger Material legen?
Lege und schreibe sie in die Stellenwerttafel.

a) 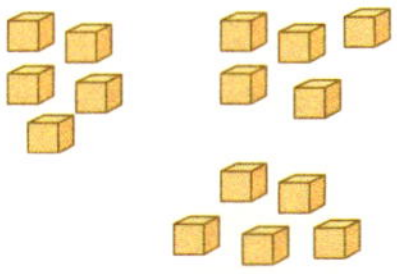

b) 

c) 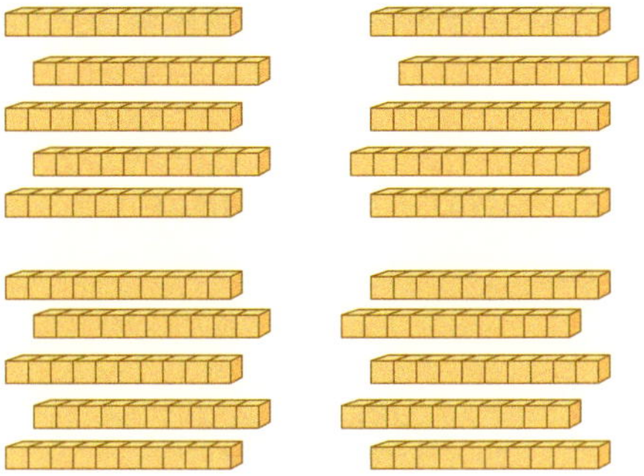

d) 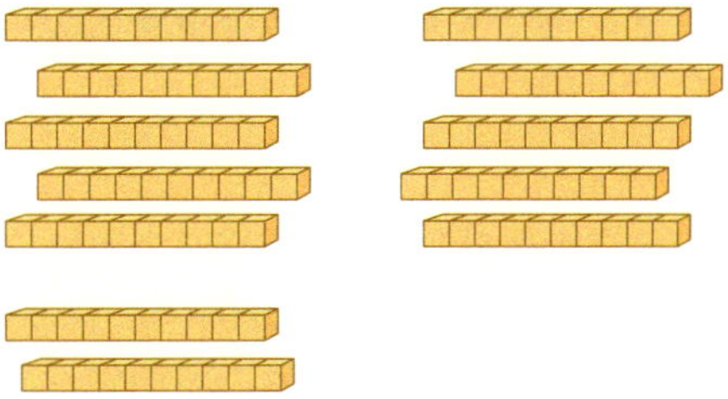

11

Wie löst du diese Aufgabe?

12 Entbündeln

a) Tausche in Einerwürfel.

b) Tausche in Zehnerstangen.

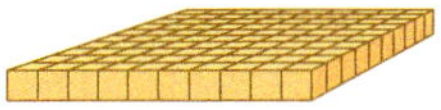

c) Tausche in Hunderterplatten.

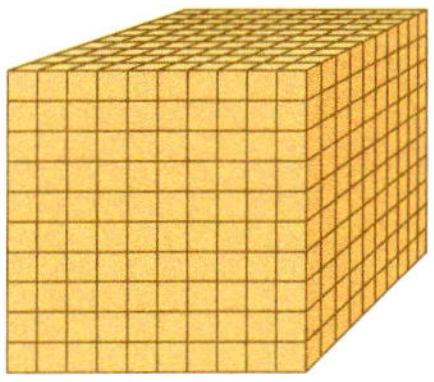

Das Tausenderfeld

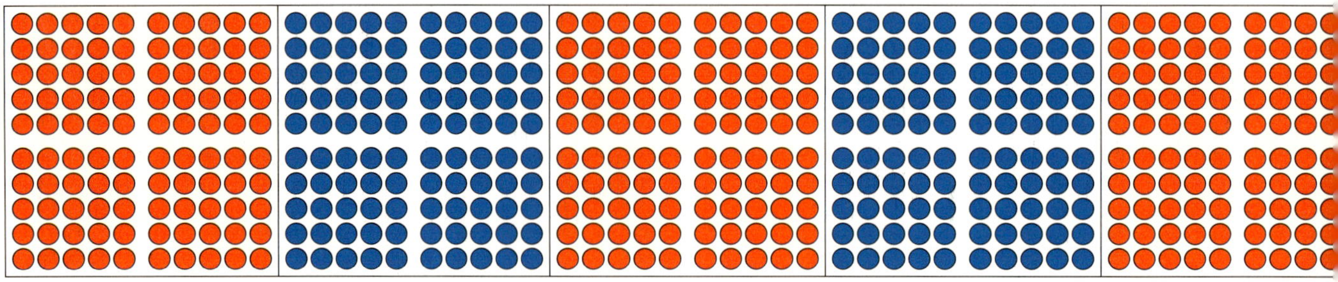

1 Auf dieser und der nächsten Seite ist ein Tausenderfeld abgebildet.
Aus wie vielen Hunderterfeldern besteht ein Tausenderfeld?
Wie viele Zehner hat ein Hunderterfeld?
Wie viele Einer hat ein Zehner?

2 Wie heißt die Zahl? Trage in die Stellenwerttafel ein.

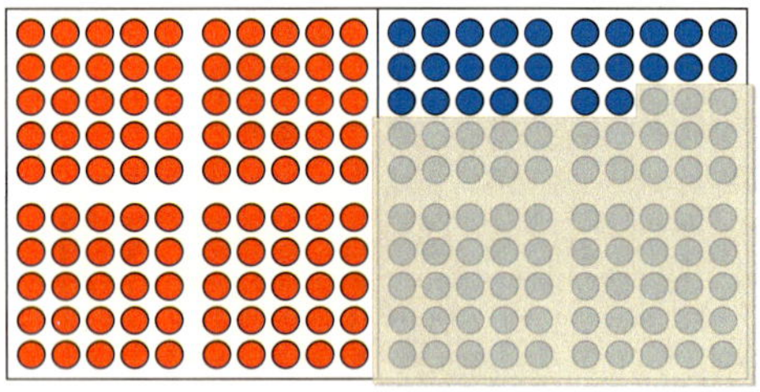

H	Z	E
1	2	7

a) 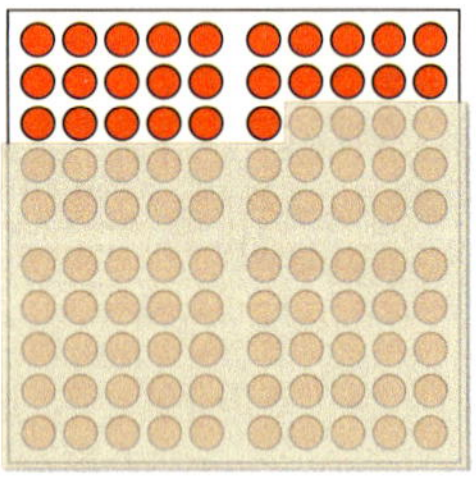

b) 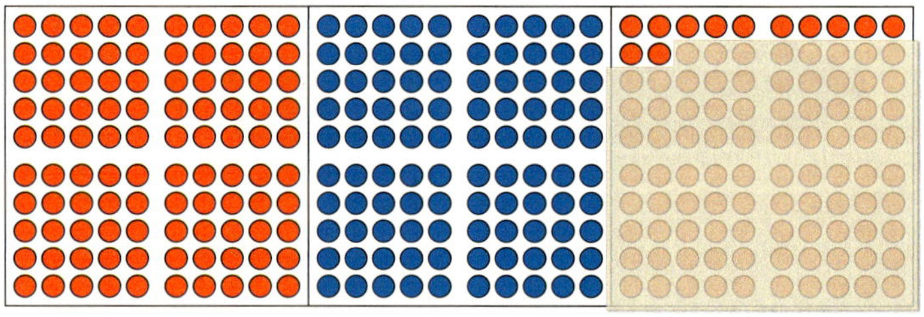

c) Denke dir mindestens 4 Aufgaben selbst aus und vergleiche sie mit deinem Nachbarn.

d) Stelle die Zahlen aus den Aufgaben a), b) und c) mit Material dar.

3 Zeige am Tausenderfeld und trage in die Stellenwerttafel ein. Was fällt dir auf?

a)	b)	c)	d)	e)	f)	g)
125	345	100	501	258	408	998
251	355	10	510	158	409	999
512	365	1	51	58	410	1 000

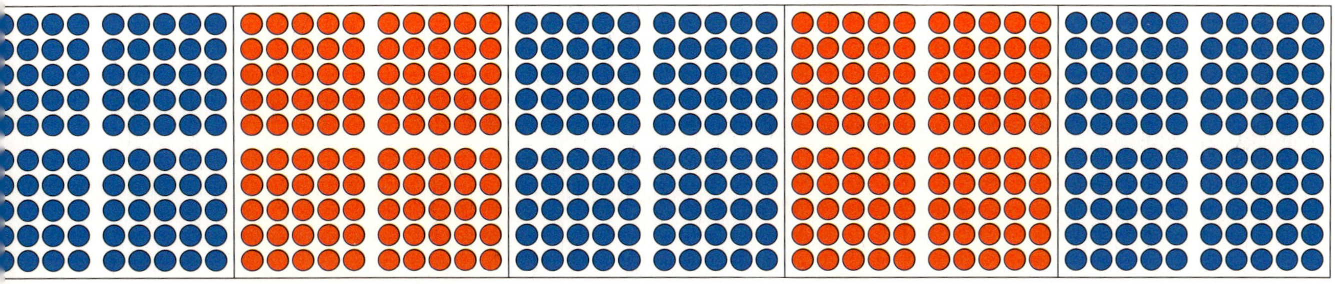

4 Du kannst Zahlen auch mit Zeichen darstellen.

Hunderter: Zehner: Einer:

Beispiel: 123

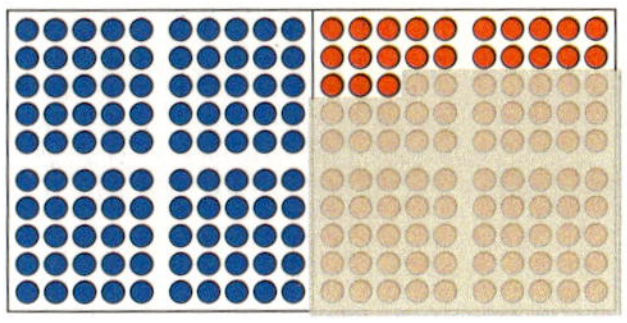

H	Z	E
1	2	3

Zeige am Tausenderfeld und schreibe in die Stellenwerttafel. Wie heißt die Zahl?

a) 

b) 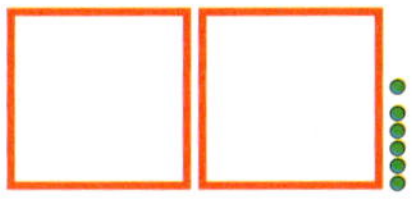

c) 

d) 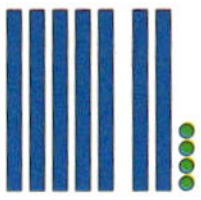

e) 

f) 

5 Zeige am Tausenderfeld. Zeichne die Zahlen. Trage in die Stellenwerttafel ein. Was fällt dir auf?

a)	b)	c)	d)	e)	f)	g)
234	125	500	202	413	181	890
342	225	50	220	213	191	990
432	325	5	22	13	201	910

6 Immer 1 000. Erkläre am Tausenderfeld.

a)
900 + ■ = 1 000
800 + ■ = 1 000
700 + ■ = 1 000
500 + ■ = 1 000
600 + ■ = 1 000

b)
990 + ■ = 1 000
980 + ■ = 1 000
970 + ■ = 1 000
960 + ■ = 1 000
950 + ■ = 1 000

b)
995 + ■ = 1 000
996 + ■ = 1 000
997 + ■ = 1 000
998 + ■ = 1 000
999 + ■ = 1 000

Das Tausenderbuch

1	2	3	4	5	6	7	8	9	10	101	102	103	104	105	106	107	108	109	110	201	202	203	204	205	206	207	208	209	210	301	302	303	304	305	306	307	308	309	310	401	402	403	404	405	406	407	408	4
11	12	13	14	15	16	17	18	19	20	111	112	113	114	115	116	117	118	119	120	211	212	213	214	215	216	217	218	219	220	311	312	313	314	315	316	317	318	319	320	411	412	413	414	415	416	417	418	4
21	22	23	24	25	26	27	28	29	30	121	122	123	124	125	126	127	128	129	130	221	222	223	224	225	226	227	228	229	230	321	322	323	324	325	326	327	328	329	330	421	422	423	424	425	426	427	428	4
31	32	33	34	35	36	37	38	39	40	131	132	133	134	135	136	137	138	139	140	231	232	233	234	235	236	237	238	239	240	331	332	333	334	335	336	337	338	339	340	431	432	433	434	435	436	437	438	4
41	42	43	44	45	46	47	48	49	50	141	142	143	144	145	146	147	148	149	150	241	242	243	244	245	246	247	248	249	250	341	342	343	344	345	346	347	348	349	350	441	442	443	444	445	446	447	448	4
51	52	53	54	55	56	57	58	59	60	151	152	153	154	155	156	157	158	159	160	251	252	253	254	255	256	257	258	259	260	351	352	353	354	355	356	357	358	359	360	451	452	453	454	455	456	457	458	4
61	62	63	64	65	66	67	68	69	70	161	162	163	164	165	166	167	168	169	170	261	262	263	264	265	266	267	268	269	270	361	362	363	364	365	366	367	368	369	370	461	462	463	464	465	466	467	468	4
71	72	73	74	75	76	77	78	79	80	171	172	173	174	175	176	177	178	179	180	271	272	273	274	275	276	277	278	279	280	371	372	373	374	375	376	377	378	379	380	471	472	473	474	475	476	477	478	4
81	82	83	84	85	86	87	88	89	90	181	182	183	184	185	186	187	188	189	190	281	282	283	284	285	286	287	288	289	290	381	382	383	384	385	386	387	388	389	390	481	482	483	484	485	486	487	488	4
91	92	93	94	95	96	97	98	99	100	191	192	193	194	195	196	197	198	199	200	291	292	293	294	295	296	297	298	299	300	391	392	393	394	395	396	397	398	399	400	491	492	493	494	495	496	497	498	4

1 Auf dieser und der nächsten Seite ist ein Tausenderbuch abgebildet.

a) Aus wie vielen Hundertertafeln besteht ein Tausenderbuch?

b) Wie viele Zahlen und Felder sind auf einer Hundertertafel?

★ c) Wie sind die Zahlen angeordnet?

2 Suche im Tausenderbuch. Welche Zahlen fehlen?

a)

	152	

b)

	19	

c)

211

d)

890

e)

235

f)

		1000

g)

250

h)

44		

3 Zeige im Tausenderbuch. Zähle weiter.

a) 17, 18, …, 27
31, 32, …, 41
55, 56, …, 67

b) 217, 218, …, 227
431, 432, …, 441
655, 656, …, 667

c) 524, 523, …, 514
999, 998, …, 989
111, 110, …, 101

d) 20, 30, …, 120
250, 260, …, 350
810, 820, …, 910

e) 630, 640, …, 730
473, 483, …, 573
842, 852, …, 942

f) 870, 860, …, 770
421, 411, …, 321
389, 379, …, 289

g) 200, 300, …, 700
400, 500, …, 900
100, 200, …, 600

h) 120, 220, …, 620
201, 301, …, 701
345, 445, …, 845

i) 900, 800, …, 400
750, 650, …, 250
825, 725, …, 325

2	503	504	505	506	507	508	509	510	601	602	603	604	605	606	607	608	609	610	701	702	703	704	705	706	707	708	709	710	801	802	803	804	805	806	807	808	809	810	901	902	903	904	905	906	907	908	909	910
2	513	514	515	516	517	518	519	520	611	612	613	614	615	616	617	618	619	620	711	712	713	714	715	716	717	718	719	720	811	812	813	814	815	816	817	818	819	820	911	912	913	914	915	916	917	918	919	920
2	523	524	525	526	527	528	529	530	621	622	623	624	625	626	627	628	629	630	721	722	723	724	725	726	727	728	729	730	821	822	823	824	825	826	827	828	829	830	921	922	923	924	925	926	927	928	929	930
2	533	534	535	536	537	538	539	540	631	632	633	634	635	636	637	638	639	640	731	732	733	734	735	736	737	738	739	740	831	832	833	834	835	836	837	838	839	840	931	932	933	934	935	936	937	938	939	940
2	543	544	545	546	547	548	549	550	641	642	643	644	645	646	647	648	649	650	741	742	743	744	745	746	747	748	749	750	841	842	843	844	845	846	847	848	849	850	941	942	943	944	945	946	947	948	949	950
2	553	554	555	556	557	558	559	560	651	652	653	654	655	656	657	658	659	660	751	752	753	754	755	756	757	758	759	760	851	852	853	854	855	856	857	858	859	860	951	952	953	954	955	956	957	958	959	960
2	563	564	565	566	567	568	569	570	661	662	663	664	665	666	667	668	669	670	761	762	763	764	765	766	767	768	769	770	861	862	863	864	865	866	867	868	869	870	961	962	963	964	965	966	967	968	969	970
2	573	574	575	576	577	578	579	580	671	672	673	674	675	676	677	678	679	680	771	772	773	774	775	776	777	778	779	780	871	872	873	874	875	876	877	878	879	880	971	972	973	974	975	976	977	978	979	980
2	583	584	585	586	587	588	589	590	681	682	683	684	685	686	687	688	689	690	781	782	783	784	785	786	787	788	789	790	881	882	883	884	885	886	887	888	889	890	981	982	983	984	985	986	987	988	989	990
2	593	594	595	596	597	598	599	600	691	692	693	694	695	696	697	698	699	700	791	792	793	794	795	796	797	798	799	800	891	892	893	894	895	896	897	898	899	900	991	992	993	994	995	996	997	998	999	1000

4 Suche im Tausenderbuch. Welche Zahlen fehlen?

a) 55

b) 89

c) 12

d) 22

e) 421

f) 237

g) 855

h) 112

5 Suche im Tausenderbuch dreistellige Zahlen,

a) die aus gleichen Ziffern bestehen,

b) die aus einer beliebigen Ziffer und zwei Nullen bestehen.

c) Finde selbst Suchaufgaben.

6 Welche Zahlen stehen in den gelben Kästchen? Was fällt dir auf?

a)

101	102	103	104	105	106	107	108	109	110
111									120
121				125					
131									140
141									150
									160
161									170
171		173							180
181									190
191				195					

b)

				405	406	407	408	409	410
411									420
421									430
431									440
441							448		450
451									460
461									470
				475					480
481									490
491	492	493	494	495					

c)

701	702	703		705	706	707	708	709	710
									720
						727			730
									740
				745					750
761									
771									
781									
791	792	793	794	795	796	797	798	799	

Der Zahlenstrahl

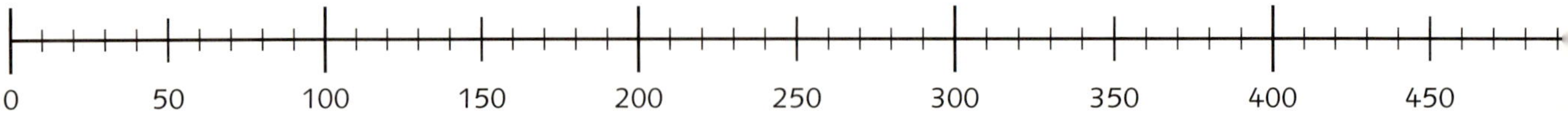

1 Finde die folgenden Zahlen auf dem Zahlenstrahl:

100, 1 000, 1, 500, 250, 10, 50, 25, 49, 333, 499, 404, 440, 720, 719, 721.

2 Wie heißt die Zahl?

a)

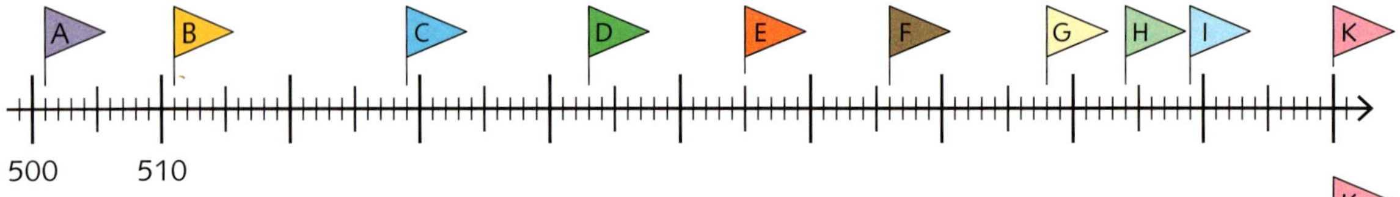

b)

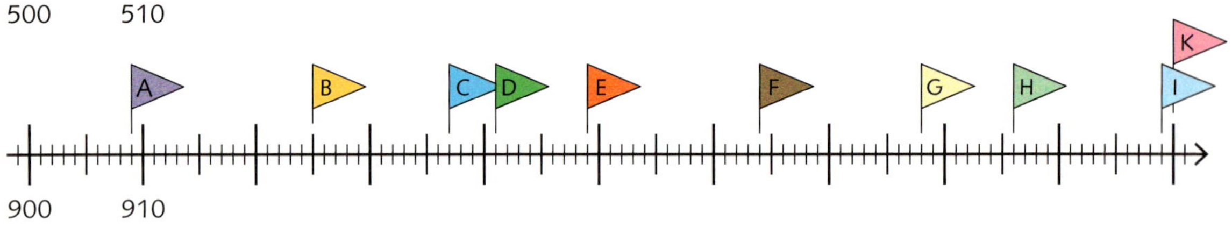

3 Zeige auf dem Zahlenstrahl und zähle weiter.

a) 500, 600, …, 1 000

b) 500, 501, 502, …, 510

c) 910, 920, 930, …, 1 000

d) 200, 205, 210, …, 250

f) 500, 400, …, 100

g) 1 000, 999, 998, …, 990

h) 200, 190, 180, …, 100

j) 320, 318, 316, …, 300

4 Wie heißen Vorgänger und Nachfolger?

a) ■, 123, ■
■, 129, ■
■, 132, ■
■, 135, ■

b) ■, 100, ■
■, 200, ■
■, 500, ■
■, 900, ■

c) ■, 299, ■
■, 599, ■
■, 899, ■
■, 999, ■

d) ■, 125, ■
■, 759, ■
■, 201, ■
■, 978, ■

5 Vergleiche. >, < oder =?

a) 100 ● 101
254 ● 250
999 ● 988
1 000 ● 1 000

b) 645 ● 640
120 ● 12
1 000 ● 909
111 ● 99

c) 395 ● 340
777 ● 888
550 ● 549
222 ● 222

d) 414 ● 420
823 ● 813
79 ● 81
680 ● 980

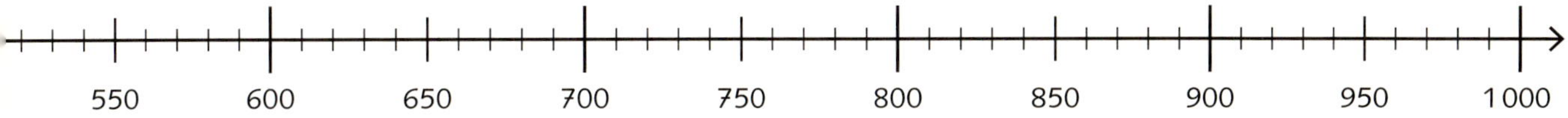

6 Finde die Zahlen auf dem Zahlenstrahl. Wie heißen die Nachbarzehner? Welcher Zehner liegt am nächsten? Kreise ein.

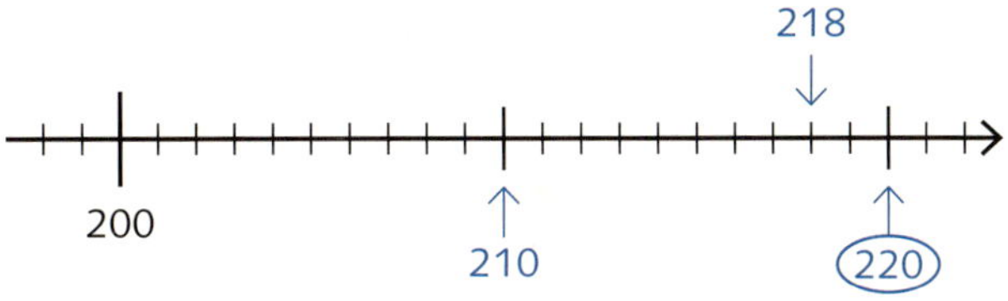

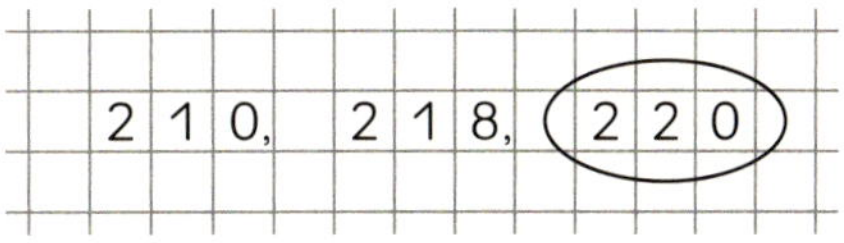

a) ■, 127, ■
■, 123, ■
■, 129, ■
■, 125, ■

b) ■, 534, ■
■, 573, ■
■, 519, ■
■, 556, ■

c) ■, 813, ■
■, 851, ■
■, 838, ■
■, 856, ■

d) ■, 253, ■
■, 227, ■
■, 245, ■
■, 269, ■

7 Finde die Zahlen auf dem Zahlenstrahl. Wie heißen die Nachbarhunderter? Welcher Hunderter liegt am nächsten? Kreise ein.

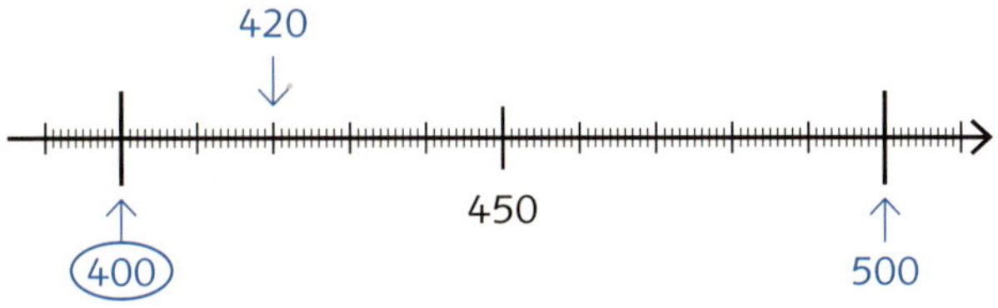

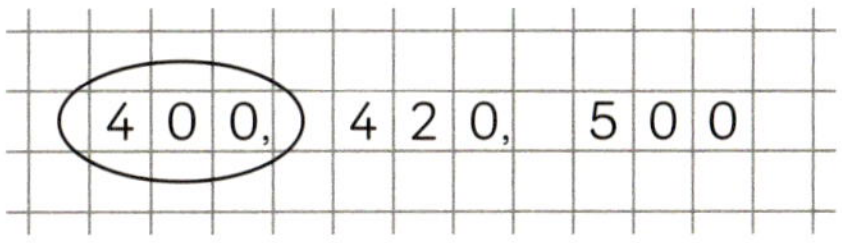

a) ■, 130, ■
■, 160, ■
■, 190, ■
■, 110, ■

b) ■, 440, ■
■, 470, ■
■, 430, ■
■, 480, ■

c) ■, 880, ■
■, 840, ■
■, 820, ■
■, 860, ■

d) ■, 241, ■
■, 247, ■
■, 271, ■
■, 279, ■

8 Welche Zahl liegt genau in der Mitte? Prüfe mit dem Zahlenstrahl.

a) 140, ■, 150
950, ■, 960
360, ■, 370
570, ■, 580

b) 800, ■, 900
600, ■, 700
500, ■, 600
300, ■, 400

c) 250, ■, 260
400, ■, 300
610, ■, 620
910, ■, 920

d) 880, ■, 890
300, ■, 400
500, ■, 600
260, ■, 270

9 Denke dir selbst solche Aufgaben aus. Lasse sie deinen Nachbarn lösen.

Runden

1 Suche die Zahl auf dem Zahlenstrahl. Welcher Zehner liegt am nächsten?

a)	51	b)	61	c)	56	d)	76
	52		62		57		77
	53		63		58		78
	54		64		59		79

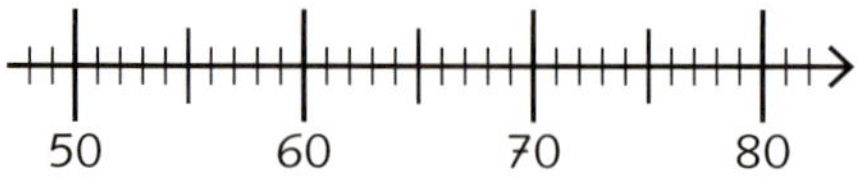

e) Was fällt dir auf?

★ f) Welchem Zehner liegen die Zahlen 55, 65 und 75 am nächsten?

Abrunden zum Zehner
Du gehst bei den Einern auf dem Zahlenstrahl nach links, zurück zum nächsten Zehner.

Aufrunden zum Zehner
Du gehst bei den Einern auf dem Zahlenstrahl nach rechts, vor zum nächsten Zehner.

≈ Dieses Zeichen bedeutet „ungefähr gleich".

52 ≈ 50

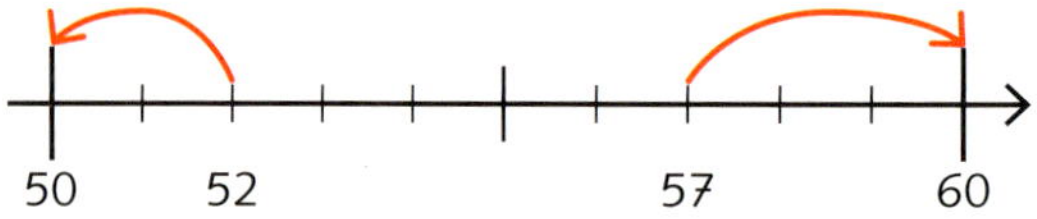

57 ≈ 60

Bei 1, 2, 3, 4 wird abgerundet.

Bei 5, 6, 7, 8, 9 wird aufgerundet.

2 Runde zum Zehner.

a)	21	b)	45	c)	31	d)	91	e)	121	f)	255	g)	991	h)	796
	34		49		37		75	★	134	★	239	★	989	★	542
	42		48		43		58		142		228		973		858

Abrunden zum Hunderter
Du gehst bei den Zehnern auf dem Zahlenstrahl nach links, zurück zum nächsten Hunderter.

Aufrunden zum Hunderter
Du gehst bei den Zehnern auf dem Zahlenstrahl nach rechts, vor zum nächsten Hunderter.

538 ≈ 500

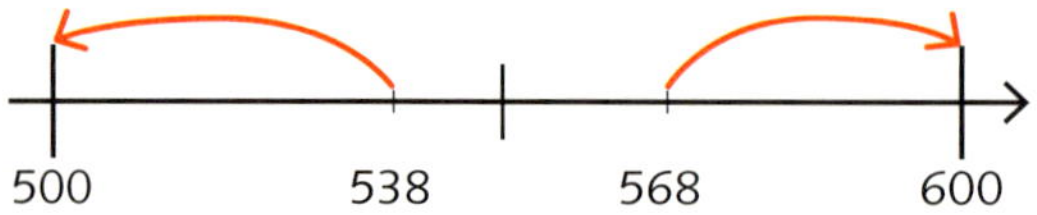

568 ≈ 600

3 Runde zum Hunderter.

a)	210	b)	480	c)	310	d)	660	e)	521	f)	491	g)	311	h)	353
	330		350		550		830	★	514	★	573	★	454	★	641
	410		490		530		750		543		685		523		597

Rechnen mit dem Taschenrechner

Es gibt viele verschiedene Modelle von Taschenrechnern. Anzahl und Anordnung der Tasten sind oft unterschiedlich. Die wichtigsten Tasten findest du aber bei jedem Taschenrechner.

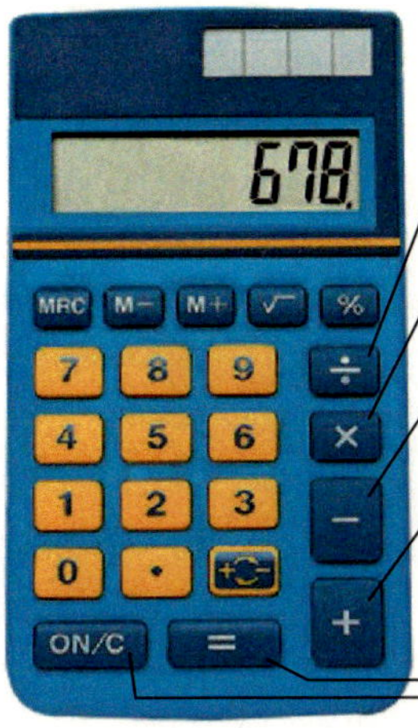

Division („geteilt durch") [÷]
Multiplikation („mal") [×]
Subtraktion („minus") [–]
Addition („plus") [+]
Ergebnis („gleich") [=]
Einschalten/Löschen [ON/C]

1 Tippe diese Zahlen in den Taschenrechner ein.
Beginne immer mit der Löschtaste.
Zahl: 567 Eingabe: [ON/C] [5] [6] [7]

a)	b)	c)	d)	e)	f)	g)
123	50	125	246	7410	1379	4862
456	500	250	135	852	1397	1475
789	5000	375	864	963	1793	9635

2 Rechne im Heft. Prüfe mit dem Taschenrechner.
Beginne immer mit der Löschtaste.
Aufgabe: 56 + 27 Eingabe: [ON/C] [5] [6] [+] [2] [7] [=]

a)	b)	c)	d)	e)	f)
18 + 57	65 – 46	8 · 9	45 : 5	17 + 69	72 · 9
64 + 27	74 – 65	5 · 7	63 : 9	86 – 27	91 – 32
78 – 46	96 – 28	6 · 4	56 : 7	9 · 7	9 · 5
19 + 75	43 – 14	3 · 8	72 : 8	81 : 9	37 + 43

3 Welche Aufgaben sind richtig gelöst? Kontrolliere mit dem Taschenrechner.

a)	b)	c)
635 + 257 = 890	74 · 36 = 2664	749 + 245 = 1000
847 + 124 = 994	65 · 32 = 2010	852 – 534 = 882
628 – 419 = 209	324 : 18 = 10	93 · 72 = 6696
9631 – 5263 = 4366	854 : 61 = 12	418 : 22 = 18

4 Erfindet schwierige Rechenaufgaben.
Dein Partner darf sie mit dem Taschenrechner ausrechnen.

Parallel

Die Fensteröffnungen liegen parallel zueinander.

Der Boden liegt parallel zur Decke.

Die Geraden sind

parallel zueinander.

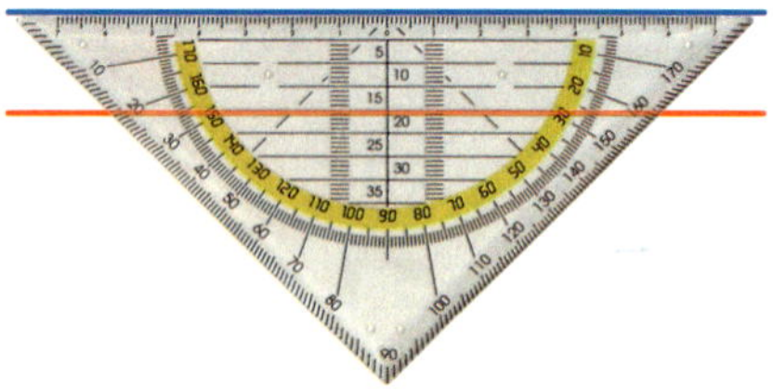

nicht parallel zueinander.

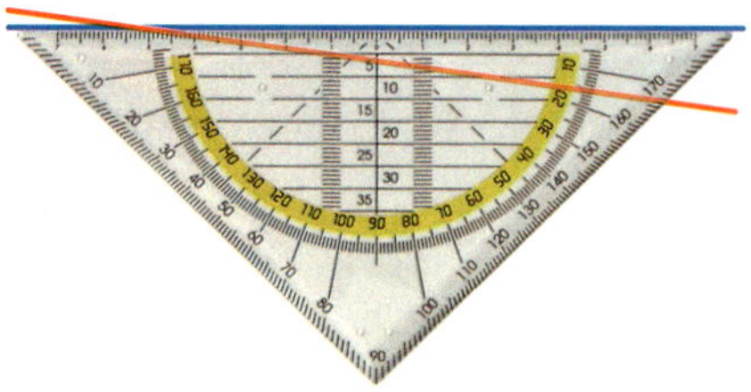

Parallele Geraden schneiden sich nicht.

1 Finde parallele Geraden. Untersuche mit Hilfe des Geodreiecks.

2 Schaue dich in deiner Klasse und auf dem Schulhof um.
Finde Geraden, die parallel zueinander liegen.

3 Falte ein Blatt Papier 5 cm von einem Rand entfernt. Falte es noch einmal.
Öffne es. Welche Geraden sind parallel zueinander?

Senkrecht

Die Mauern stehen senkrecht zum Boden.

Die Decke und die Mauern stehen senkrecht zueinander.

Der Maurer benutzt Wasserwaage und Winkel, damit die Bauteile senkrecht zueinander stehen. Wir überprüfen das mit dem Geodreieck.

Die Geraden stehen

senkrecht zueinander.

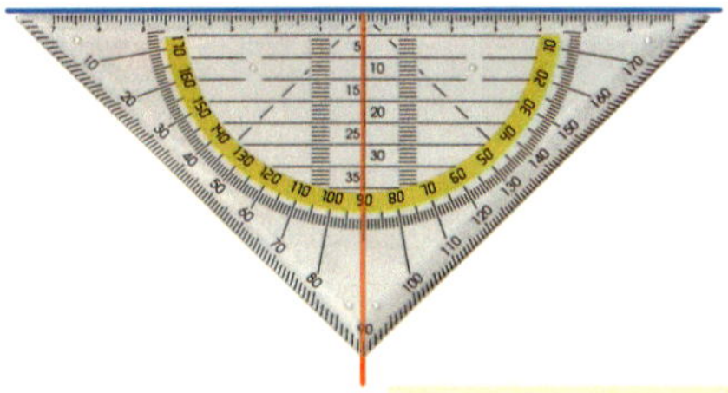

nicht senkrecht zueinander.

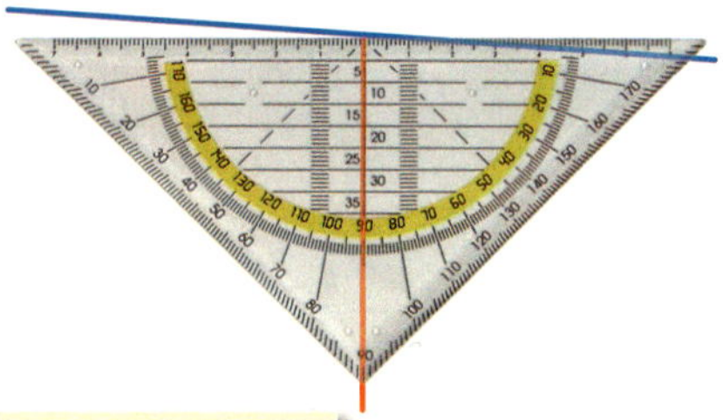

Senkrechte Geraden bilden einen rechten Winkel.

1 Finde senkrecht zueinander stehende Geraden.

2 Schaue dich in deiner Klasse und auf dem Schulhof um.
Finde Geraden, die senkrecht zueinander stehen.

3 Falte ein Blatt Papier mehrfach in der Mitte. So, dass es immer kleiner wird.
Öffne es. Welche Faltgeraden stehen senkrecht zueinander?

Vertiefung des rechten Winkels S. 52

Senkrechte und parallele Geraden zeichnen

1 Zeichne senkrecht zueinander stehende Geraden. Benutze dein Geodreieck.

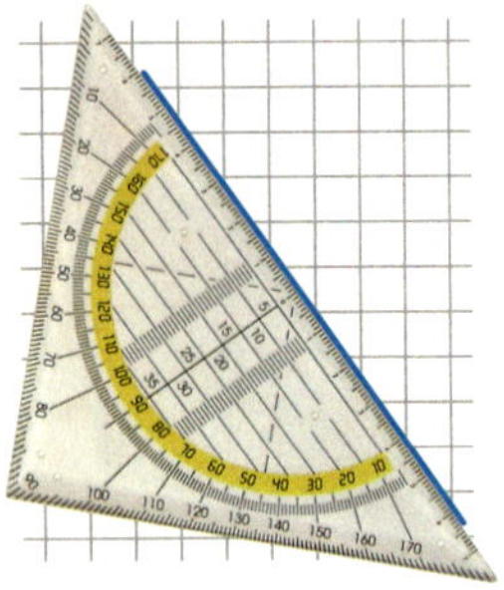

Zeichne eine Gerade. Lege das Geodreieck mit seiner Mittellinie auf die Gerade. Zeichne eine weitere Gerade entlang der Grundkante des Geodreiecks.

Beide Geraden stehen senkrecht zueinander.

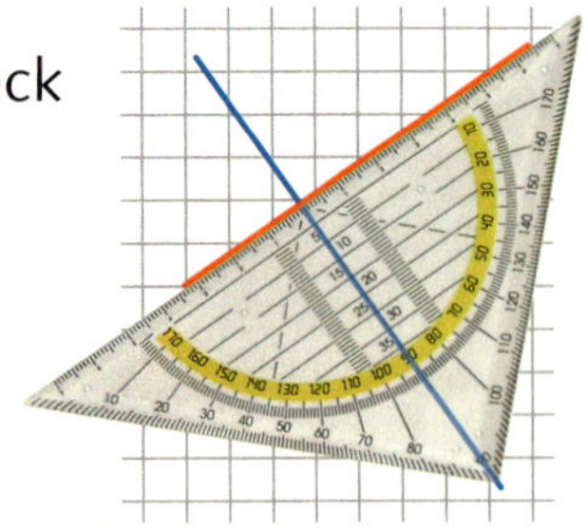

2 Zeichne mehrere senkrecht zueinander stehende Geraden in dein Heft.

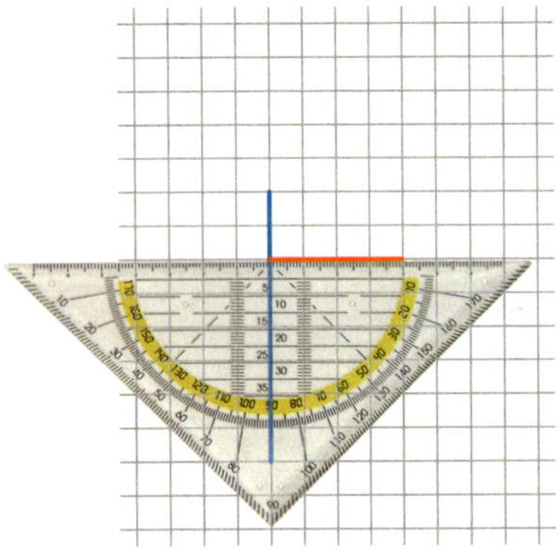

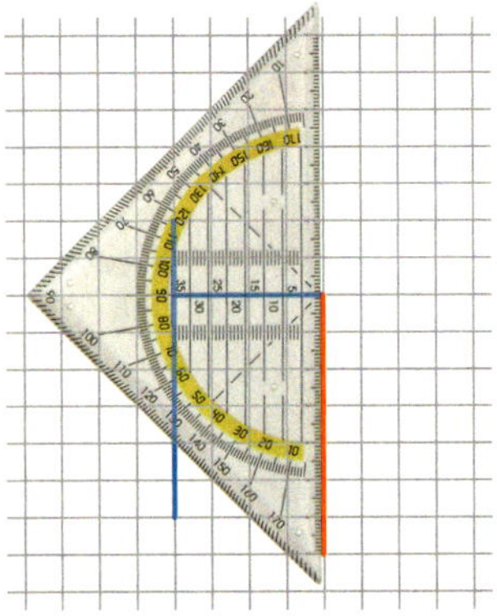

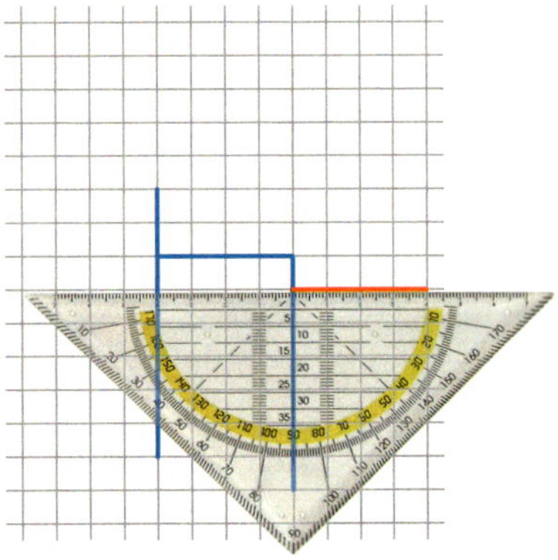

3 Zeichne parallele Geraden. Benutze dein Geodreieck.

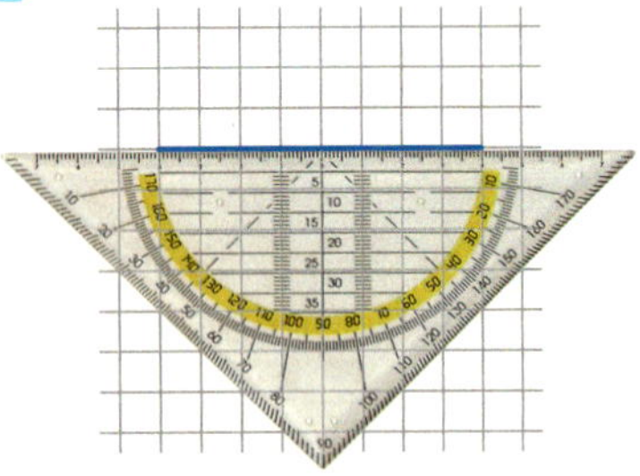

Zeichne eine Gerade in dein Heft. Lege das Geodreieck mit den Querlinien auf diese Gerade. Ziehe nun eine Gerade entlang der Grundkante des Geodreiecks.

Du hast zwei parallele Geraden.

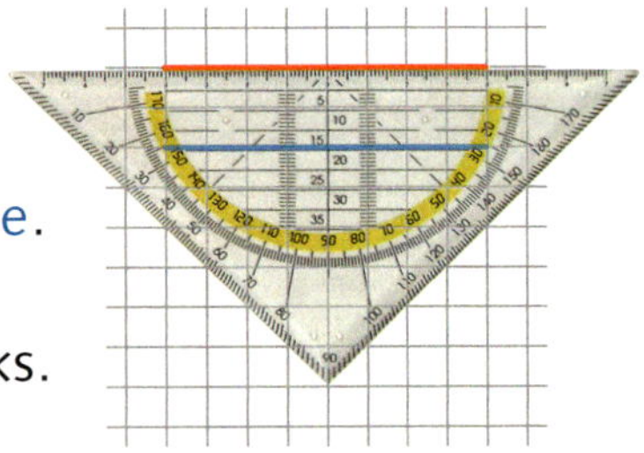

4 Zeichne Muster aus parallelen Geraden.

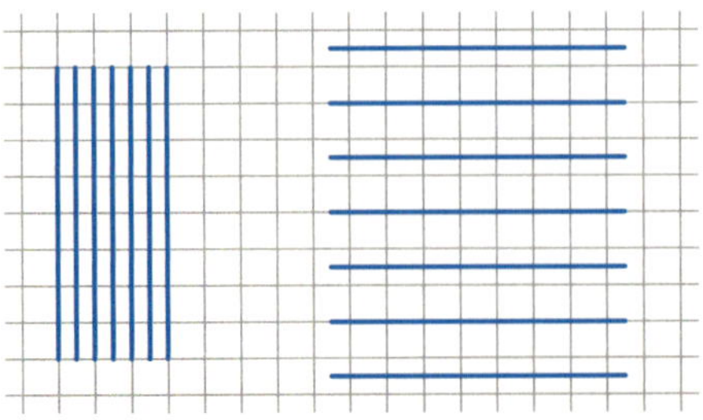

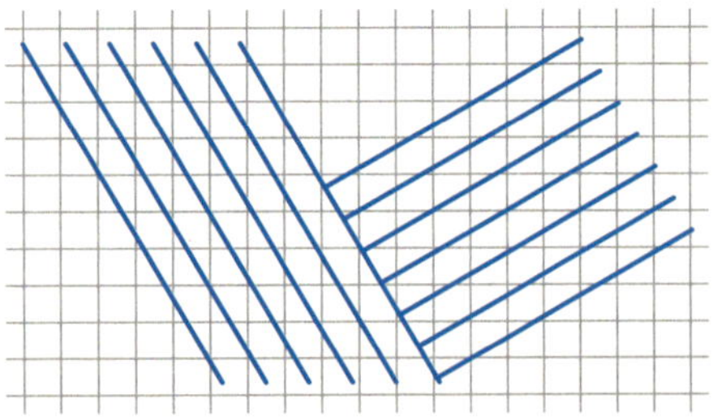

5 Zeichne große eckige Druckbuchstaben.

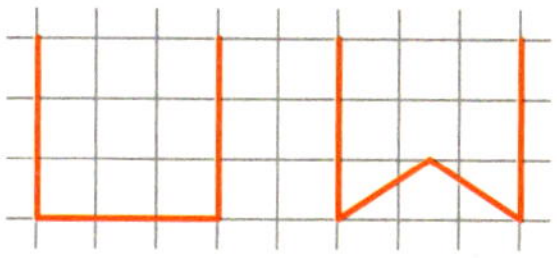

a) Bei welchen Buchstaben stehen alle Geraden senkrecht zueinander?

b) Welche haben parallele Geraden? Kreuzen sich die Geraden?

c) Versuche deinen Namen mit großen eckigen Buchstaben zu schreiben.

6 Zeichne die Figuren in dein Heft.

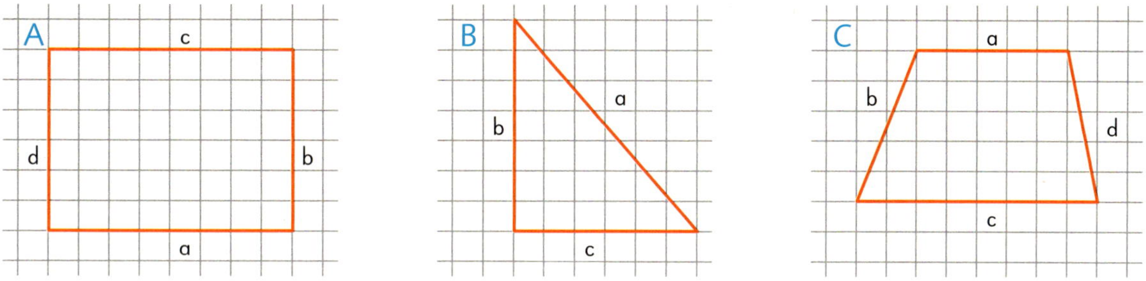

a) Miss alle Seiten aus und schreibe die Ergebnisse auf.

b) Zeichne parallele Seiten in der gleichen Farbe nach.

c) Welche Geraden stehen senkrecht zueinander?

7 Mit parallelen und senkrecht zueinander stehenden Geraden kannst du viele Muster zeichnen.

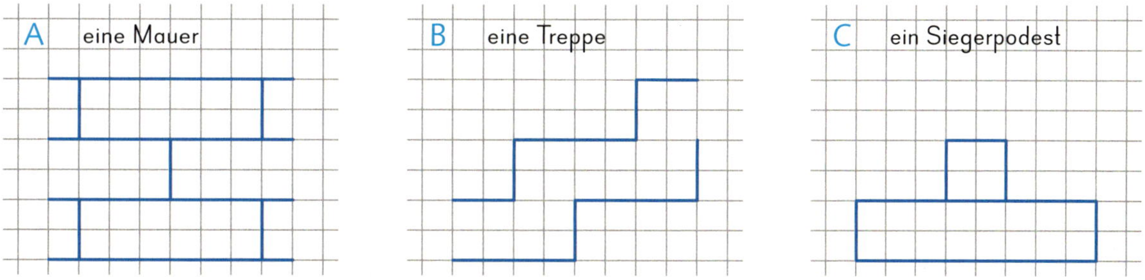

a) Übertrage die Zeichnungen in dein Heft.

b) Wie viele parallele Geraden findest du in den Zeichnungen?

d) Gibt es Geraden, die nicht senkrecht zueinander stehen?

8 Gestalte ein Lesezeichen mit senkrecht zueinander stehenden und parallelen Geraden.

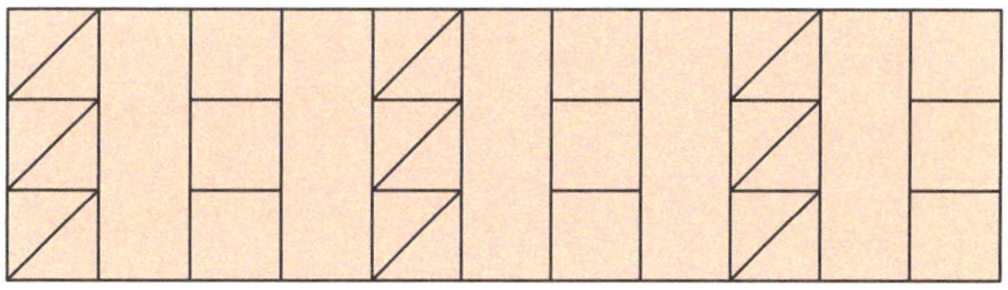

Gewichte vergleichen und messen

1 a) Wer von euch hat die schwerste Schultasche? Vergleicht.

b) Sortiert eure Schultaschen nach dem Gewicht. Beginnt mit der schwersten Tasche.

2

a) Suche dir 5 Bücher aus dem Klassenraum. Ordne sie nach dem Gewicht. Beginne mit dem leichtesten.

b) Verwende nun die Balkenwaage. Kommst du zum gleichen Ergebnis?

Mit der Balkenwaage kann man das Gewicht von zwei Gegenständen vergleichen.

3

a) Wiegt die Bücher aus Aufgabe 2 mit der Balkenwaage aus. Schreibt eure Ergebnisse ins Heft.

b) Sucht euch nun verschiedene Gegenstände aus dem Klassenraum und messt ihr Gewicht auf die gleiche Weise. Schreibt eure Ergebnisse auf.

Mit der Balkenwaage kann man in Gramm (g) und in Kilogramm (kg) messen.

4 Das Gewicht kann man mit unterschiedlichen Waagen messen.

  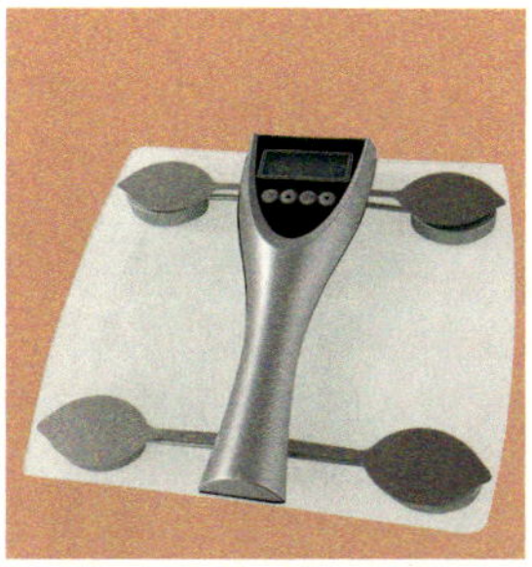 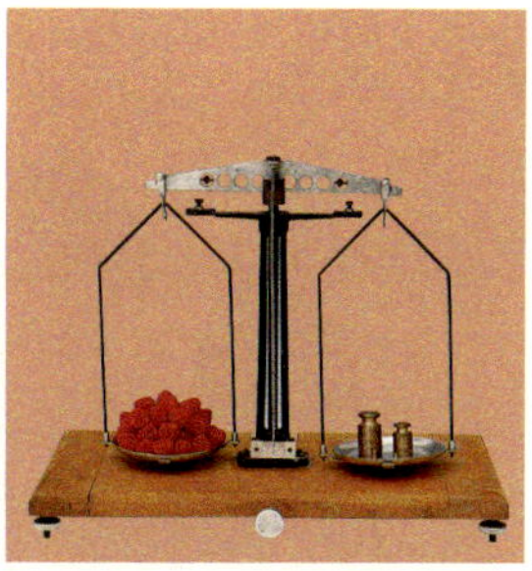

a) Ordne die Begriffe zu:

Personenwaage, Briefwaage, Balkenwaage, Küchenwaage.

b) Mit welcher Waage würdest du das Gewicht bestimmen? Begründe.

deine Schultasche, deine Mutter, ein Brief,
eine Milchtüte, dein Haustier, deine Trinkflasche

c) Übertrage die Tabelle in dein Heft. Finde Beispiele.

Küchenwaage	Briefwaage	Personenwaage	Balkenwaage

5 Übertrage die Tabelle in dein Heft.

1 g	100 g	1 kg
Büroklammer	Tafel Schokolade	Tüte Mehl

a) Finde Gegenstände, die ungefähr so viel wiegen.

b) Prüfe mit einer Waage.

6 a) Wiegt schwere Gegenstände aus.
Schreibt getrennt:

Atlas: 1 kg 200 g

b) Schreibt die verwendeten Gewichte auf.
Vergleicht eure Lösungen untereinander.
Was fällt euch auf?

Kilogramm und Gramm

1 Erzähle.

1 Kilogramm = 1 000 Gramm
1 kg = 1 000 g

2 Wie viel Gramm fehlen bis zum vollen Kilogramm? Ergänze.

a)	b)	c) ★
500 g	250 g	780 g
700 g	650 g	240 g
200 g	450 g	960 g
100 g	350 g	520 g
600 g	750 g	330 g

500 g +   = 1000 g
700 g +   = 1000 g

40 g 220 g 250 g 300 g 350 g 400 g 480 g 500 g 550 g 560 g 650 g 670 g 750 g 760 g 800 g 900 g

3 Fatima backt für den Geburtstag ihrer Mutter einen Kuchen. Dazu braucht sie unter anderem 470 g Mehl und 380 g Zucker. Für beide Zutaten öffnet sie jeweils eine neue 1-kg-Packung.

a) Wie viel g Mehl bleiben übrig? b) Wie viel g Zucker bleiben übrig?

4 Du kannst Gewichte in eine Stellenwerttafel eintragen. Das hilft dir beim Umrechnen von kg in g und umgekehrt.

8 kg 235 g
1 kg 974 g
2 kg 166 g
4 kg 826 g

kg	g		
8	2	3	5
1	9	7	4

8 kg 235 g = 8,235 kg
1 kg 974 g = 1,974 kg

Der rote Strich trennt kg und g. Wenn du den Betrag in kg schreibst, muss dort ein Komma gesetzt werden.

Übertrage ins Heft und ergänze.

Wie schwer ist die Klasse?

1 Ordne die Kinder nach ihrem Gewicht. Beginne mit dem schwersten Kind.

2 a) Wie heißen das leichteste Mädchen und der leichteste Junge in der Klasse?

b) Wie heißen das schwerste Mädchen und der schwerste Junge in der Klasse?

★ c) Schätze zuerst und rechne dann.
Welche beiden Kinder sind zusammen schwerer:

das leichteste Mädchen und der schwerste Junge oder
das schwerste Mädchen und der leichteste Junge?

3 Je drei Freunde stellen sich gemeinsam auf die Waage.
Welche Gruppe ist am schwersten? Schätze zuerst und rechne dann aus.

Mira – Fatima – Ole

Anna – Lena – Lisa

Paul – Murat – Tim

4 Wie schwer sind alle Kinder der Klasse zusammen?
Schätze zuerst und rechne dann aus.

5 a) Ole fragt: „Wie schwer sind denn nur die Jungen?"

b) Mira will wissen: „Sind alle Mädchen zusammen schwerer als alle Jungen?"

Was meinst du? Schätze zuerst und berechne dann den genauen Unterschied.

Geschicktes Rechnen – Addition im Kopf

1 Erzähle.

2 Lege nach und schreibe die Aufgaben in dein Heft.

3 + 2

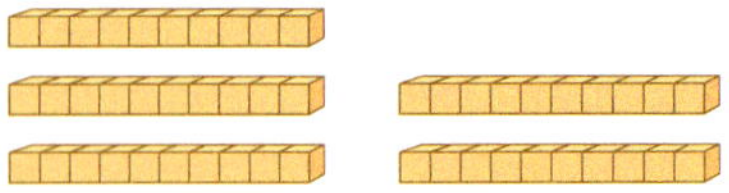
30 + 20

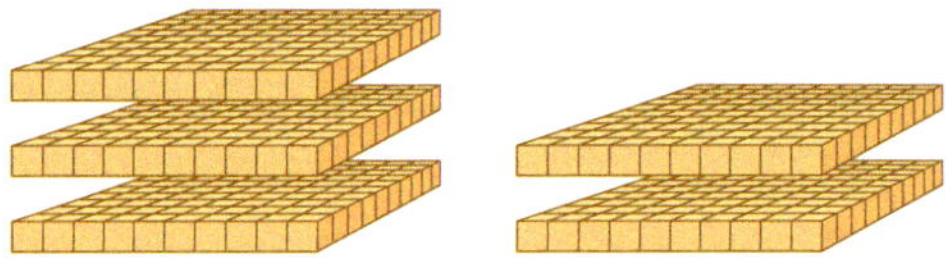
300 + 200

a) 4 + 5
40 + 50
400 + 500

b) 6 + 2
60 + 20
600 + 200

c) 8 + 1
80 + 10
800 + 100

d) 7 + 3
70 + 30
700 + 300

3 Finde die Plusaufgaben mit dem gleichen Ergebnis.

8	80	800
2 + 6	20 + 60	200 + 600
3 + 5	30 + 50	300 + 500
4 + 4	40 + 40	400 + 400
1 + 7	10 + 70	100 + 700

a) 4 40 400

b) 9 90 900

c) 5 50 500

d) 7 70 700

e) 6 60 600

4 Legt nach und schreibt die Aufgaben in eure Hefte.

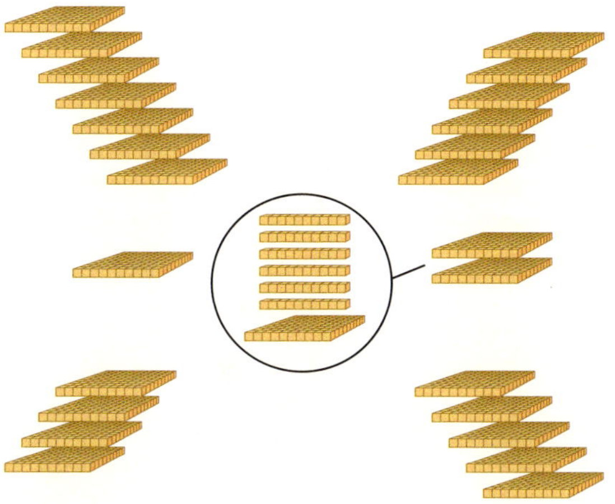

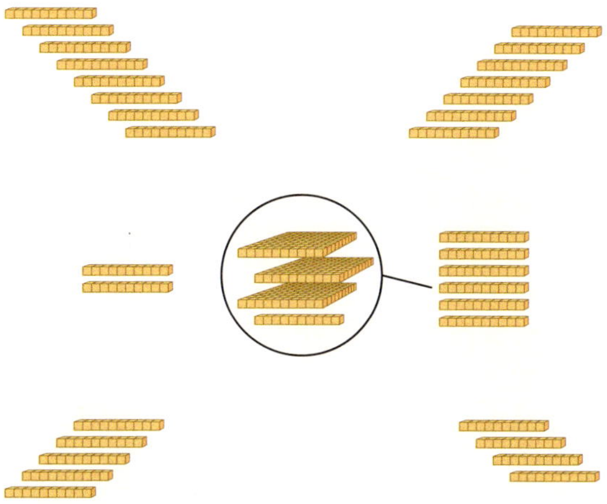

1	6	0	+	2	0	0	=

3	1	0	+	6	0	=

5 Schreibe die Aufgaben in dein Heft und addiere.

a) 130 | 220 | 310 | 430 | 540 | 630 | 720 + 20 | 30 | 40 | 50

b) 470 | 390 | 260 | 180 | 250 | 360 | 440 + 100 | 200 | 300 | 400

6 Rechne im Heft.

a)	b)	c)	d)	e) ★
560 + 200	230 + 60	670 + 300	420 + 60	240 + 140
720 + 100	160 + 20	750 + 40	780 + 200	530 + 20
370 + 500	930 + 50	230 + 200	340 + 30	380 + 310
630 + 300	350 + 40	640 + 50	410 + 400	930 + 70

7 Schreibe die Aufgaben in dein Heft und rechne.

3	6	0	+		=	4	0	0

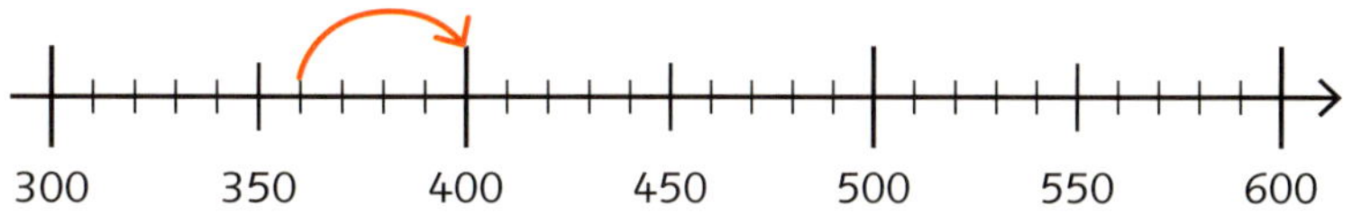

a)	b)	c)
320 + ▢ = 400	490 + ▢ = 500	580 + ▢ = 600
350 + ▢ = 400	430 + ▢ = 500	510 + ▢ = 600
370 + ▢ = 400	460 + ▢ = 500	570 + ▢ = 600

8 Ergänze die Zahlen zum nächsten Hunderter.

a)	b)	c)	d)
280 + ▢ = 300	350 + ▢ = 400	780 + ▢ = 800	360 + ▢ = ▢
610 + ▢ = 700	440 + ▢ = 500	820 + ▢ = 900	730 + ▢ = ▢

Addition über den Hunderter

1 Der Sprung über den Hunderter. Arbeite mit dem Material.

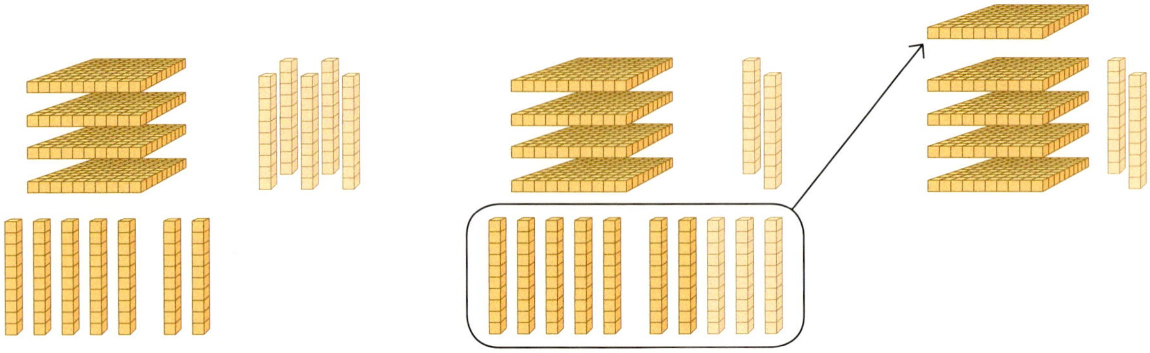

470 + 50 = □ 470 + 30 + 20 = □ 520

2 Zerlege und rechne.

a) 570 + 60
570 + 30 + 30

570 + 90
570 + 30 + 60

b) 260 + 50
260 + 40 + □

260 + 80
260 + 40 + □

c) 780 + 70
780 + □ + □

780 + 30
780 + □ + □

d) 890 + 90
890 + □ + □

890 + 60
890 + □ + □

3 Überlege am Zahlenstrahl.

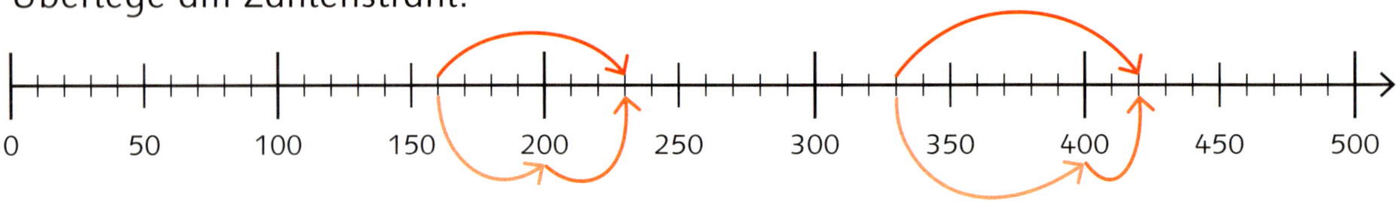

160 + 70
160 + 40 + 30

330 + 90
330 + 70 + 20

4 Rechne im Heft. Benutze den Zahlenstrahl.

a) 790 + 40
270 + 60
650 + 70
580 + 30
430 + 80

b) 240 + 70
770 + 50
630 + 90
880 + 40
160 + 60

c) 130 + 90
290 + 40
450 + 70
170 + 60
680 + 30

d) 450 + 60
180 + 40
270 + 70
390 + 20
740 + 90

e) 150 + 80
580 + 50
720 + 90
440 + 70
670 + 40

5 ★

a) 420
390 | □

b) 630
570 | □

c) 310
220 | □

d) 250
180 | □

4 Halbschriftliche Addition

Lisa und Ole haben vor der Schule Nüsse gesammelt.
Ole hat 250 und Lisa hat 170 Nüsse im Korb.

Lisa schreibt:

Die Aufgabe heißt:
250 **plus** 170

250 + 170

Ich zerlege 170
in Hunderter und Zehner:
100 **und** 70

250 + 170
100
70

Ich rechne zuerst
die Hunderter dazu:
250 **plus** 100 **gleich** 350

250 + 170
250 + 100 = 350
70

Zu dem Ergebnis zähle ich nun
die Zehner dazu:
350 **plus** 70 **gleich** 420

250 + 170
250 + 100 = 350
350 + 70 = 420

Das Ergebnis 420
schreibe ich
hinter die Aufgabe.

250 + 170 = 420
250 + 100 = 350
350 + 70 = 420

1 Auch andere Kinder haben Nüsse gesammelt. Wer hat die meisten gesammelt?
Schreibe ins Heft und rechne wie Lisa. Zerlege zuerst die zweite Zahl.

Mira und Tim	Fatima und Paul	Mona und Dennis	Ina und Ömer
280 + 230	340 + 250	450 + 130	330 + 190

2

a)	b)	c)	d)	e)
280 + 150	340 + 260	470 + 320	860 + 160	340 + 570
450 + 150	280 + 260	520 + 320	590 + 270	770 + 180
620 + 150	460 + 260	610 + 320	450 + 330	480 + 480

3 Herr Friedemann baut ein Haus. Für die Vorderseite braucht er noch 450 Steine, für die Rückseite braucht er noch 380 Steine. Wie viele Mauersteine braucht Herr Friedemann?

4 Im Kino läuft ein lustiger Film. 270 Erwachsene und 190 Kinder schauen zu. Wie viele Zuschauer sind es insgesamt?

Addition auf verschiedenen Wegen

Rechenkonferenz

Ömer

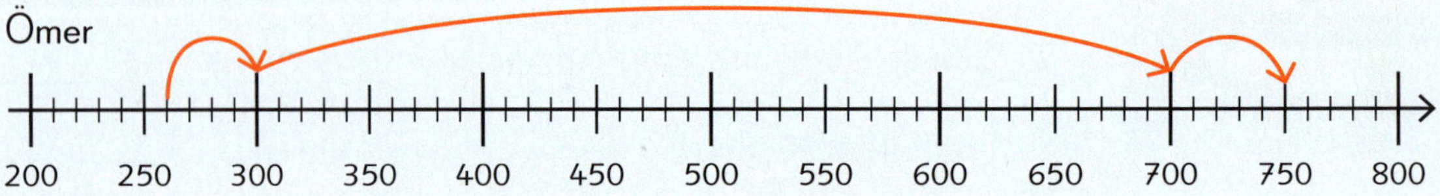

Lisa

260 + 500 = 760
760 – 10 = 750

Mona

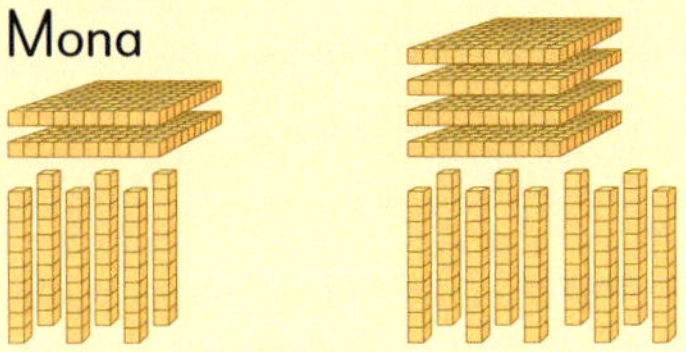

Tim

260 + 490 = 750

260 + 400 = 660
660 + 90 = 750

1 Welchen Rechenweg findest du am besten?
Stelle ihn deiner Klasse vor.

2 Probiere verschiedene Rechenwege aus.

a)	b)	c)	d)	e)
280 + 190	370 + 220	350 + 350	360 + 240	450 + 170
490 + 490	260 + 280	490 + 310	580 + 230	640 + 280

240 470 540 590 600 620 700 800 810 920 980

3 Wie rechnest du?

a)	b)	c)	d)	e)
260 + 590	480 + 290	370 + 470	180 + 630	450 + 490
360 + 360	290 + 710	440 + 190	530 + 380	130 + 390

520 630 720 750 770 810 840 850 910 940 1000

Schriftliche Addition ohne Übertrag

Die Kinder sammeln für das Umweltprojekt in der Schule alte Batterien. 351 leere Batterien haben sie schon. Tims Vater hilft ihnen und bringt noch 243 Batterien von der Arbeit mit.

Tim schreibt:

Die Aufgabe heißt:
351 **plus** 243

	H	Z	E
	3	5	1
+	2	4	3

Zuerst addiere ich die **Einer**:
1 **plus** 3 **gleich** 4

	H	Z	E
	3	5	1
+	2	4	3
			4

Dann addiere ich die **Zehner**:
5 **plus** 4 **gleich** 9

	H	Z	E
	3	5	1
+	2	4	3
		9	4

Zum Schluss addiere ich noch die **Hunderter**:
3 **plus** 2 **gleich** 5

	H	Z	E
	3	5	1
+	2	4	3
	5	9	4

Die Kinder haben 594 Batterien gesammelt.

1 Lena und Lisa machen mit. Lena hat 134 und Lisa hat 142 Batterien gesammelt. Rechne schriftlich und überprüfe mit dem Material.

Lisa rechnet:

	H	Z	E
	1	3	4
+	1	4	2

Lena prüft:

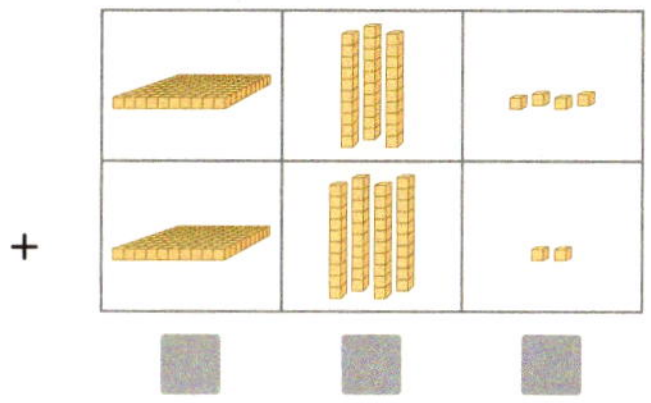

2 Addiere wie Lisa und prüfe wie Lena.

a)

	H	Z	E
	6	7	3
+	2	2	5

b)

	H	Z	E
	8	6	2
+	1	3	7

c)

	H	Z	E
	5	4	7
+	2	4	1

d)

	H	Z	E
	3	2	6
+	4	6	3

e)

	H	Z	E
	7	8	1
+	2	1	7

Mit dem Flugzeug auf die Insel

Montag	Dienstag	Mittwoch	Donnerstag	Freitag	Samstag	Sonntag
422 Passagiere	354 Passagiere	425 Passagiere	368 Passagiere	432 Passagiere	375 Passagiere	451 Passagiere
364 Passagiere	421 Passagiere	362 Passagiere	411 Passagiere	334 Passagiere	413 Passagiere	346 Passagiere

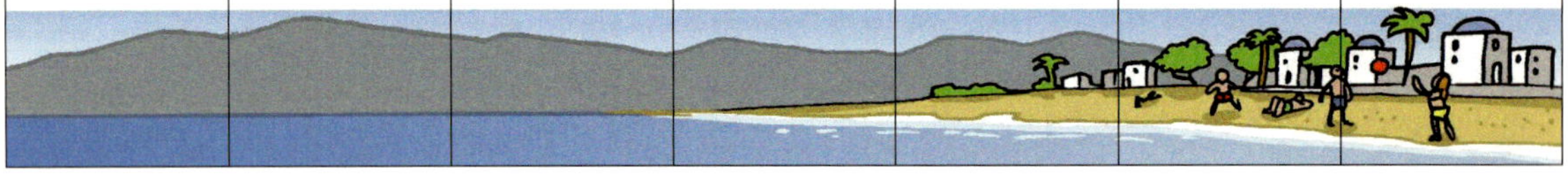

1 Jeden Tag landen zwei Flugzeuge auf der Insel Korfu.

a) Wie viele Passagiere landen am Montag auf Korfu?

b) Wie viele Passagiere landen jeweils an den anderen Tagen?

c) An welchem Tag landen die meisten Passagiere auf Korfu?

Montag:

	H	Z	E
	4	2	2
+	3	6	4

2 Familie Elbrecht möchte in den Ferien auch nach Korfu fliegen. Für die Eltern kostet der Urlaub zusammen 657 €. Für ihren Sohn kostet der Urlaub 242 €. Wie viel Euro kostet der Urlaub für die ganze Familie?

3 Herr Friedemann hat für seine Urlaubswoche auf Korfu 423 € bezahlt. Nun möchte er noch eine Woche länger bleiben und bezahlt dafür noch 276 €. Wie viel kostet ihn sein Urlaub nun?

4 ★ Das neue Großraumflugzeug hat 650 Plätze. 216 Passagiere sitzen schon im Flugzeug. 433 Passagiere wollen noch zusteigen. Passen alle ins Flugzeug?

5 Schreibe stellengerecht in dein Heft und rechne.

a)	b)	c)	d)	e)
628 + 141	125 + 341	722 + 167	531 + 228	746 + 232
312 + 523	147 + 442	666 + 333	812 + 173	651 + 137

🔑 466 589 739 759 769 788 835 889 978 985 999

Addition mit Null

Achtung: Kein Hunderter!

1 Warum muss Murat aufpassen?

2 Rechne wie Murat.

a)

	H	Z	E
	3	1	5
+		7	1

b)

	H	Z	E
	5	2	4
+		5	2

c)

	H	Z	E
	4	2	3
+		4	6

d)

	H	Z	E
	7	1	2
+		5	5

e)

	H	Z	E
	5	3	1
+		3	7

f) 621 + 76
735 + 52

g) 228 + 61
813 + 45

h) 963 + 32
354 + 23

i) 111 + 87
546 + 21

k) 852 + 46
622 + 65

Achtung: Null!

3 Rechne wie Anna.

a)

	H	Z	E
	4	1	7
+	2	6	0

b)

	H	Z	E
	3	2	0
+	1	6	8

c)

	H	Z	E
	4	3	0
+	5	3	7

d)

	H	Z	E
	6	5	4
+	2	0	3

e)

	H	Z	E
	3	1	4
+	5	2	0

f) 140 + 729
358 + 230

g) 677 + 110
504 + 471

h) 570 + 323
745 + 240

i) 821 + 170
610 + 352

k) 750 + 144
219 + 450

Schriftliche Addition mit Übertrag bei den Einern

Die Kinder der Klasse 5b haben auf dem Stadtfest am Wochenende selbst gemachte Kekse, Kerzen, Karten und Holzspielzeug verkauft. Am Samstag haben sie 216 € und am Sonntag 147 € eingenommen. Nun zählen sie die Einnahmen der beiden Tage zusammen:

Samstag:

Sonntag:

Zusammen:

Eintauschen der Einer:

Die Kinder haben 363 € eingenommen.

1 Lege die Aufgaben mit Rechengeld. Bündele immer zehn Einer und tausche sie gegen einen Zehner. Vergleiche mit deinem Nachbarn.

a) 256 € + 419 €
425 € + 367 €

b) 158 € + 223 €
414 € + 238 €

c) 637 € + 117 €
523 € + 369 €

d) 426 € + 368 €
835 € + 126 €

Anna rechnet mit Zahlen:

Anna schreibt:

Die Aufgabe heißt:
216 **plus** 147

	H	Z	E
	2	1	6
+	1	4	7

Zuerst addiere ich die **Einer** und bündele sie:
6 **plus** 7 **gleich** 13
Ich schreibe 3 **Einer** und übertrage 1 **Zehner**.

	H	Z	E
	2	1	6
+	1	4	7
		1	
			3

Dann addiere ich die **Zehner**:
1 **plus** 4 **plus** 1 **gleich** 6

	H	Z	E
	2	1	6
+	1	4	7
		1	
		6	3

Zum Schluss addiere ich noch die **Hunderter**:
2 **plus** 1 **gleich** 3

	H	Z	E
	2	1	6
+	1	4	7
		1	
	3	6	3

2 Schreibe ins Heft und rechne wie Anna.

a)

	H	Z	E
	5	3	8
+	2	4	4

b)

	H	Z	E
	2	1	6
+	3	5	8

c)

	H	Z	E
	4	5	2
+	2	1	9

d)

	H	Z	E
	6	3	9
+	1	4	7

e)

	H	Z	E
	2	4	7
+	7	2	9

3 Schreibe stellengerecht untereinander und rechne.

a) 614 + 238
479 + 314

b) 316 + 235
168 + 218

c) 527 + 366
765 + 219

d) 123 + 168
525 + 257

291 386 551 631 782 793 852 893 984

4 Achtung: Freie Stelle!

a)

	H	Z	E
	4	1	8
+		5	4

b)

	H	Z	E
	2	4	5
+		3	8

c)

	H	Z	E
	6	2	7
+		5	7

d)

	H	Z	E
	9	1	9
+		6	6

e)

	H	Z	E
	5	3	6
+		4	9

Schriftliche Addition mit Übertrag bei den Zehnern

Eine neue Aufgabe für Ole:

Die Aufgabe heißt:
372 **plus** 281

Zuerst addiere ich die **Einer**:
2 **plus** 1 **gleich** 3

Dann addiere ich die **Zehner** und bündele sie:
7 **plus** 8 **gleich** 15
Ich schreibe 5 **Zehner**
und übertrage 1 **Hunderter**.

Jetzt addiere ich die **Hunderter**:
3 **plus** 2 **plus** 1 **gleich** 6

Ole schreibt:

	H	Z	E
	3	7	2
+	2	8	1

	H	Z	E
	3	7	2
+	2	8	1
			3

	H	Z	E
	3	7	2
+	2	8	1
	1		
		5	3

	H	Z	E
	3	7	2
+	2	8	1
	1		
	6	5	3

1 Schreibe in dein Heft und rechne wie Ole.

a)

	H	Z	E
	2	5	3
+	3	7	4

b)

	H	Z	E
	4	9	5
+	1	8	2

c)

	H	Z	E
	3	3	3
+	4	8	2

d)

	H	Z	E
	6	7	5
+	2	7	3

e)

	H	Z	E
	3	7	2
+	1	4	6

2 Schreibe stellengerecht untereinander und rechne.

a) 672 + 183
436 + 391

b) 184 + 142
362 + 171

c) 425 + 293
251 + 276

d) 142 + 292
463 + 286

326 434 527 533 622 718 749 827 855

3 Herr Elbrecht möchte eine Musikanlage kaufen. Die Geräte kosten 445 €. Die Boxen kosten 380 €. Wie viel muss Herr Elbrecht bezahlen?

4 Lisa hat 170 Lieder auf ihrem MP3-Player gespeichert. Auf ihrem Handy hat sie 156 Lieder gespeichert. Wie viele Lieder hat sie insgesamt?

Schriftliche Addition mit Übertrag

Kein Problem mit der Null!

	H	Z	E
	2	2	5
+	1	3	5
		1	
	3	6	0

Ich kann wieder zum Zehner bündeln.
5 + 5 = 10

Ich kann wieder zum Hunderter bündeln.
8 + 2 = 10

	H	Z	E
	3	8	2
+	4	2	1
	1		
	8	0	3

1 Rechne wie Ole.

a) 214 + 356
379 + 113

b) 535 + 236
415 + 435

c) 748 + 123
127 + 213

d) 635 + 129
232 + 258

🔑 340 490 492 570 660 764 771 850 871

2 Rechne wie Mira.

a) 394 + 113
452 + 394

b) 672 + 145
356 + 251

c) 584 + 325
275 + 152

d) 162 + 143
735 + 182

🔑 242 305 427 507 607 817 846 917 909

3 Schreibe stellengerecht untereinander und rechne.

534 662 712 641 554 + 243 136 229 193

4 Berechne die Rechendreiecke. Schreibe die Aufgaben in dein Heft.

a)
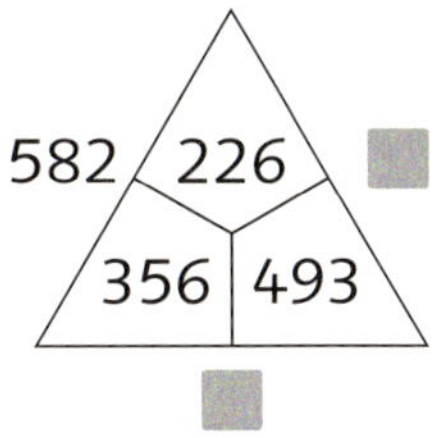

b)
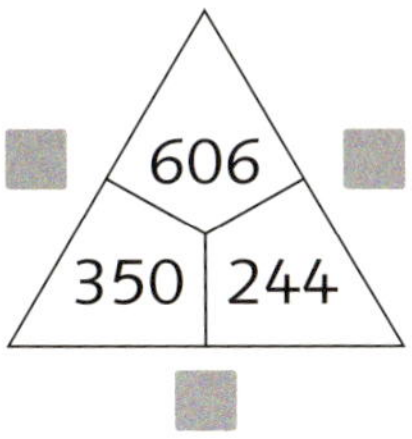

c)
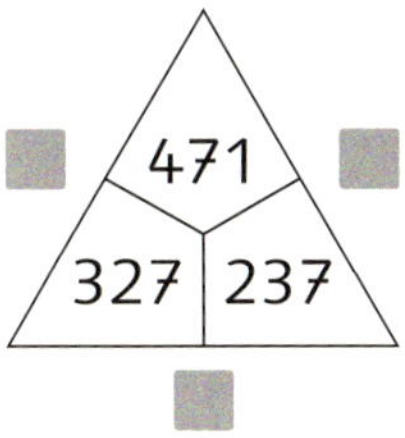

d)
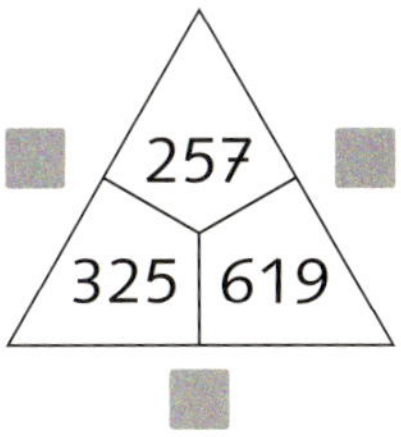

5 Rechne mit einem Partner. Bildet aus den Ziffern Aufgaben und rechnet.
In jeder Aufgabe darf jede Ziffer nur einmal vorkommen.
Wir heißen eure Aufgaben?

0 1 2 3 4 5 6 7 8 9

	3	2	7
+	4	6	5

	4	2	1
+	3	8	5

a) Wer findet die Aufgabe mit dem größten Ergebnis?

b) Wer findet die Aufgabe mit dem kleinsten Ergebnis?

Das kannst du schon

1 Was fällt dir auf?

a)		b)		c)		d)		e)	
	55 + 10		99 + 10		77 + 20		66 + 9		34 + 9
	155 + 10		199 + 10		177 + 20		166 + 9		134 + 9
	955 + 10		799 + 10		477 + 20		566 + 9		334 + 9

2 Erfinde Aufgaben, die genauso gerechnet werden.

3 Setze die Folge fort. Schreibe in dein Heft.

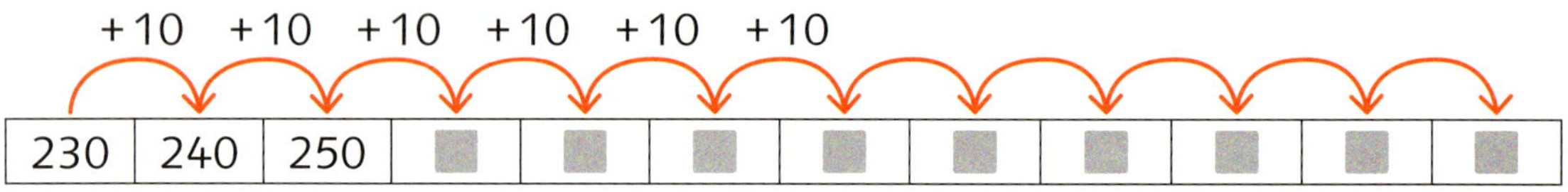

a) 120, 130, 140, …, 220 b) 520, 530, 540, …, 620 c) 820, 830, …, 920

d) 303, 313, 323, …, 413 e) 603, 613, 623, …, 713 f) 103, 113, …, 213

g) 245, 255, 265, …, 355 h) 745, 755, 765, …, 855 i) 445, 455, …, 555

4 Welche Rechnungen passen zu den Aufgaben?

a) Frau Buss muss ihre Katzen versorgen. Das Futter kostet 46 € und der extra große Sack Katzenstreu 27 €.

b) Herr Friedemann will in seinem Garten neue Beete anlegen. Für das Blumenbeet kauft er Pflanzen für 139 €. Für das Gemüsebeet kauft er Pflanzen für 185 €.

c) Mira hat 25 € gespart. Nun kauft sie für ihre Oma eine Kerze für 6 €.

d) Lisa und Mona haben beim Martinssingen viele Bonbons bekommen. Lisa hat 373 Bonbons und Mona 296 Bonbons.

e) Tim und Lena haben Kastanien für die Tiere im Wald gesammelt. Tim hat 373 und Lena 374 Kastanien.

5 Der Kleckskobold war unterwegs. Findest du alle Lösungen?

a) 132 + ✱ = 136
273 + ✱ = 279
741 + ✱ = 748

b) 122 + ✱ = 152
346 + ✱ = 396
637 + ✱ = 677

c) 116 + ✱ = 123
453 + ✱ = 465
972 + ✱ = 999

d) 158 + ✱ = 167
676 + ✱ = 688
849 + ✱ = 856

6 ★ Rechnen mit Mammutzahlen. Kannst du das Ergebnis berechnen?
Prüfe mit dem Taschenrechner.

a)

	2	3	4	7	1	5	7	3
+	4	6	3	2	6	3	1	4

b)

	6	5	7	8	4	5	3	7
+	2	3	2	1	3	2	5	8

7 Kettenaufgaben. Fasse geschickt zusammen.
Rechne und prüfe mit dem Taschenrechner.

a) 25 + 15 + 70
40 + 60 + 90
55 + 10 + 60

b) 110 + 20 + 40 + 7
240 + 30 + 20 + 9
330 + 40 + 10 + 8

c) 120 + 210 + 350 + 160 + 140
280 + 100 + 260 + 200 + 160
310 + 110 + 210 + 150 + 180

8 Möglichst 999

Jede Gruppe bekommt einen Würfel mit den Ziffern 0 bis 9. Jeder Spieler würfelt und trägt die Ziffern in seine Additionstabelle ein. Dabei müssen Einer, Zehner und Hunderter bestimmt werden. Ziel ist es, dass die Ziffern so eingetragen werden, dass die Summe der Zahlen möglichst nahe an 999 heranreicht – aber nicht darüber hinaus.

Viel Spaß.

Übung und Wiederholung

1 So ein Wind. Kannst du helfen?
Lisa und Mira haben gerechnet und die Ergebnisse zugeordnet.
Dann hat ein Windstoß alles durcheinandergebracht.

2 Schreibe ins Heft und rechne. Kontrolliere mit dem Taschenrechner.

a)	b)	c)	d)	e)
492 + 275	581 + 273	297 + 392	751 + 154	462 + 284
556 + 372	378 + 461	573 + 185	356 + 251	794 + 143
608 + 214	406 + 305	628 + 220	507 + 300	372 + 409

3 Schreibe stellengerecht untereinander und rechne.

a)	b)	c)	d)	e)
287 + 82	372 + 85	586 + 62	898 + 51	561 + 96
494 + 63	450 + 76	675 + 72	788 + 90	463 + 96
507 + 99	773 + 84	306 + 84	865 + 71	702 + 18

269 369 390 457 526 557 559 606 648 657 720 747 857 878 936 949

Aufgaben für Profis

1 Wann kannst du rechnen? Wann nicht?

a) Mira und Anna sind Freundinnen. Mira sammelt Sticker und hat schon 309 Stück. Anna schenkt ihr 15 Pferdesticker aus einem Magazin.

b) Ömer hat in zwei Wochen Geburtstag.
Ole hat gespart und kauft ihm ein Auto-Quartett für 3 €.

c) Am Montag haben Lisa und Lena 12 € für das Tierheim gesammelt.
Am Freitag haben sie noch einmal 19 € gesammelt.

d) Oma liest gerne Krimis. Ihr neues Buch hat 436 Seiten.
Gerade liest sie auf Seite 120.

e) Fatima hat einen Vater, der 39 Jahre alt ist.
Die Lehrerin ist dreimal so alt wie Fatima.

f) Unser Hund Elsie hat im Garten schon 28 Knochen vergraben.
Unsere Katze Mucki frisst in der Woche 4 Mäuse.

g) Zusammen haben Tim und Murat 678 Murmeln.
Tim gehören 298 Murmeln.

h) Dennis kauft im Einkaufszentrum für seine Stereoanlage
vier große Batterien für 9 € und noch zwei neue Musik-CDs für je 12 €.

2 Wie heißen die Aufgaben im Rechendreieck? Rechne im Heft.

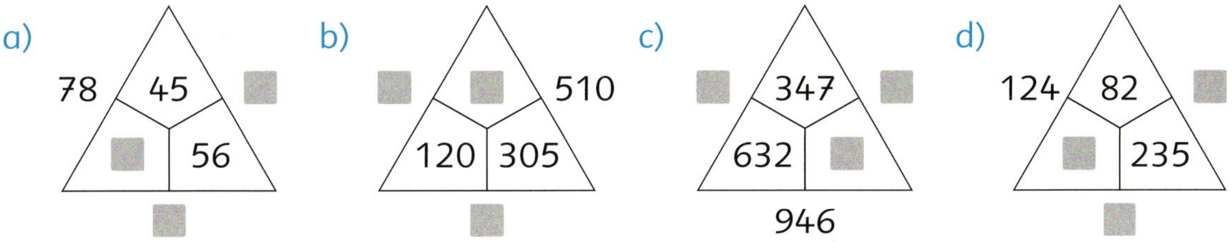

3 Ole und Tim vergleichen die Hausaufgaben. Nicht alles ist richtig.
Findest du Fehler? Kannst du sie erklären?

347	567	760	609	428	149	333
+ 25	+ 409	+ 189	+ 29	+ 367	+ 291	+ 292
1	1	1		1 1	1	1
382	976	849	899	465	439	525

Winkel

Zwei Geraden laufen aufeinander zu.

Strommasten

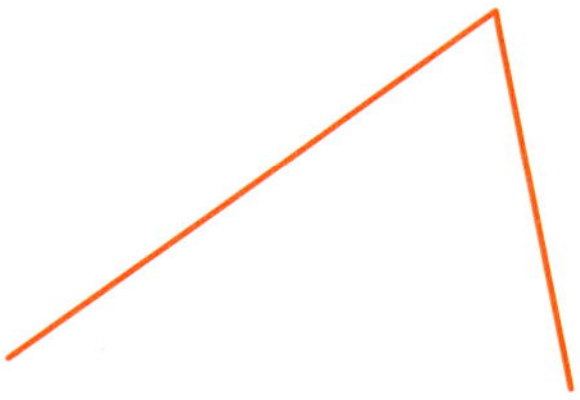

Fahrzeugkran und Seil

Türangel

Schranke und Straße

Winkel entstehen, wenn zwei Geraden aufeinandertreffen.

1 Nimm einen Zollstock und bilde die verschiedenen Winkel nach der Vorlage.

a) 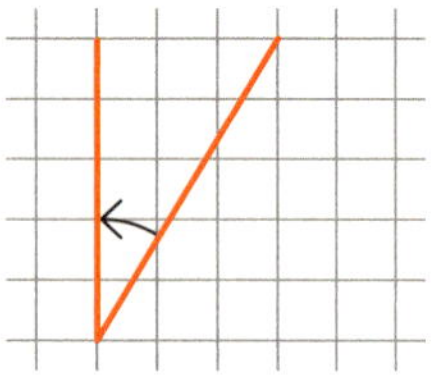

spitzer Winkel

b) 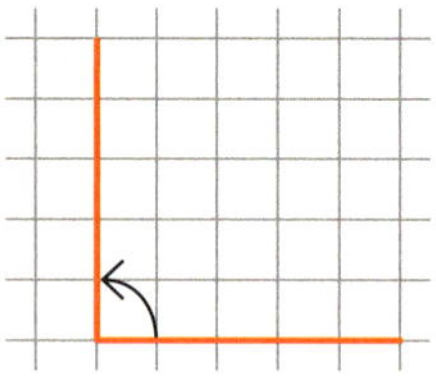

rechter Winkel

c) 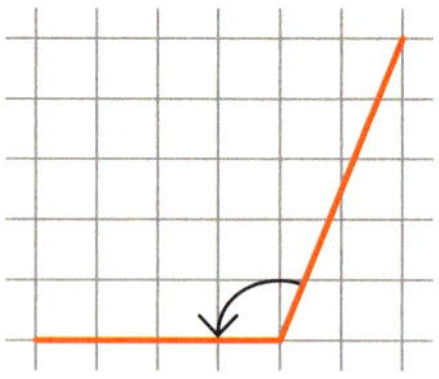

stumpfer Winkel

d) 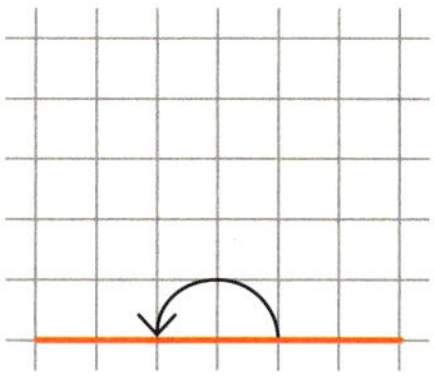

gestreckter Winkel

e) Überlege, wie die Winkel zu ihrem Namen kommen.

2 Finde an Gegenständen Geraden, die aufeinander treffen.
Welchen Winkel bilden sie? Fertige Listen an.

spitzer Winkel
Keil

rechter Winkel
Fenster

stumpfer Winkel
Stoppschild

Projekt „Seilfiguren“

1 Dies ist ein Experiment für 3 oder 4 Partner.

Nehmt ein Seil
und knotet es zusammen.
Es entsteht eine Schlaufe.

Jetzt beginnt das Experiment.

a) Bildet aus der Schlaufe verschiedene Dreiecke.

b) Beobachtet, wie sich die Dreiecke verändern.

c) Probiert aus:
Alle Winkel werden gleich groß.
Es gibt nur spitze Winkel. Es gibt einen stumpfen oder einen rechten Winkel.

2 Wiederholt euer Experiment mit einem Geobrett und Gummis.
Jetzt kann jeder eigene Dreiecke konstruieren. Beschreibt sie einem Partner.
Welche Winkel sind entstanden?

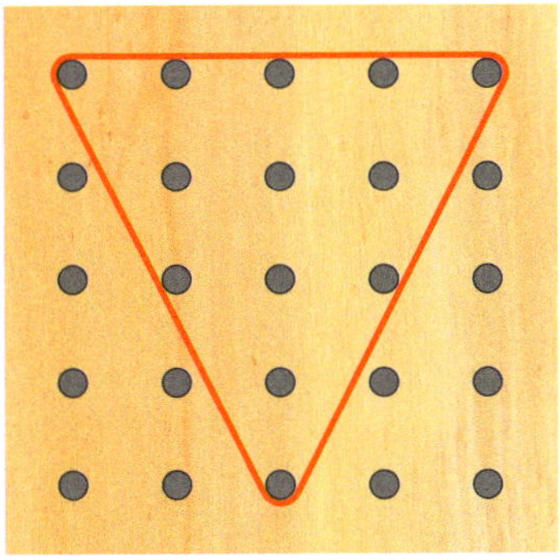

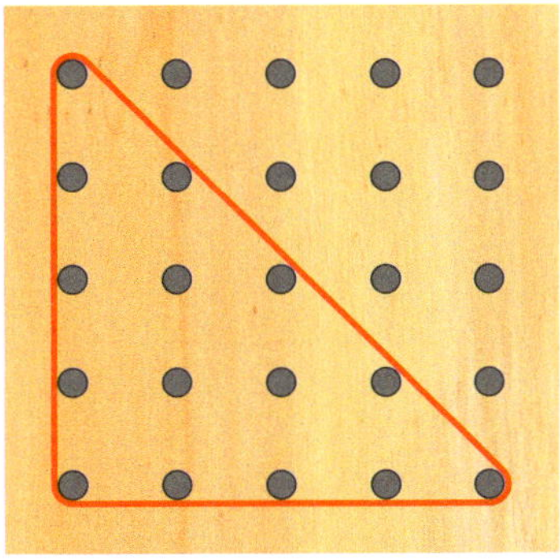

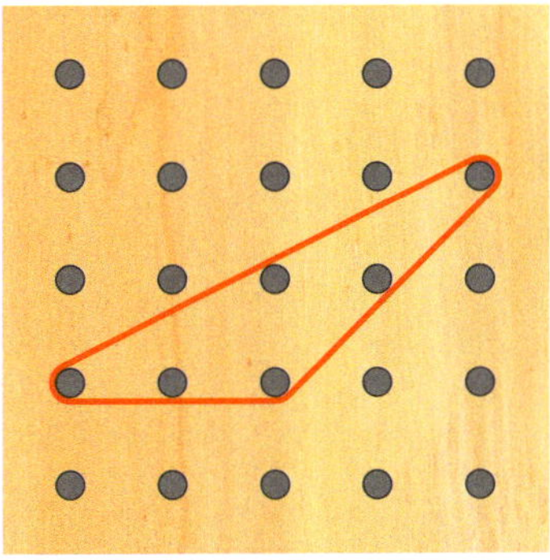

Rechte Winkel bestimmen

Mit deinem Geodreieck kannst du rechte Winkel überprüfen.

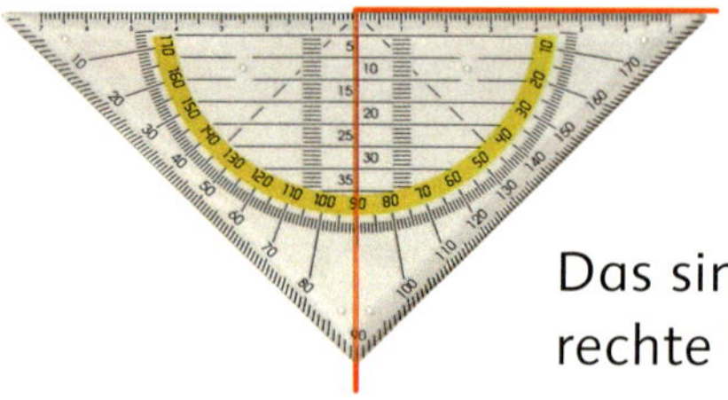

Das sind rechte Winkel.

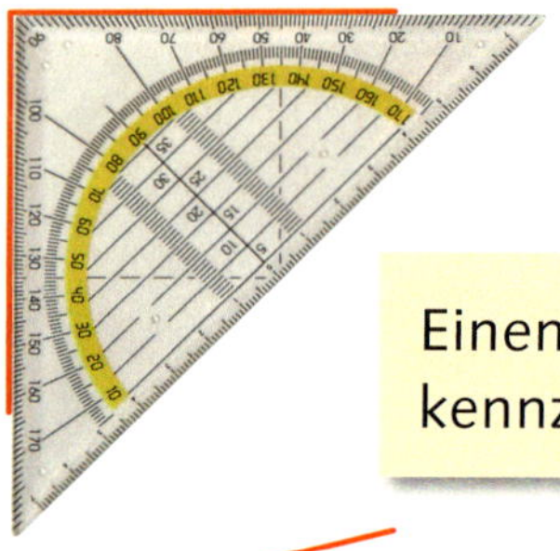

Einen rechten Winkel kennzeichnet man:

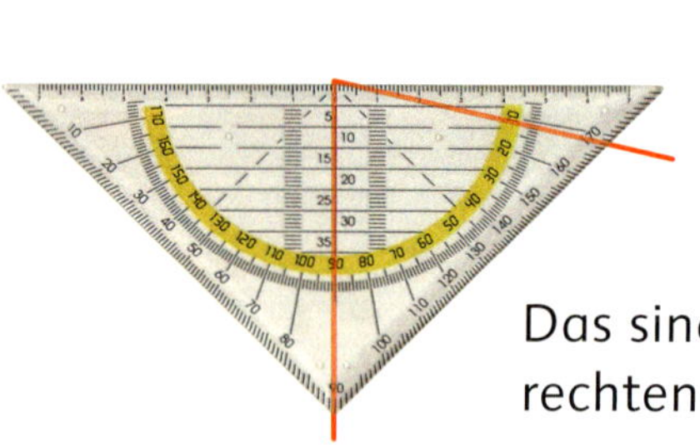

Das sind keine rechten Winkel.

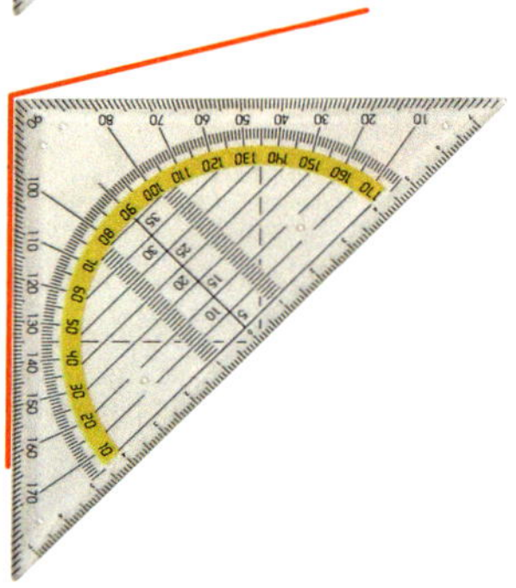

1 Überprüfe die Winkel in den Zeichnungen mit deinem Geodreieck.

a) 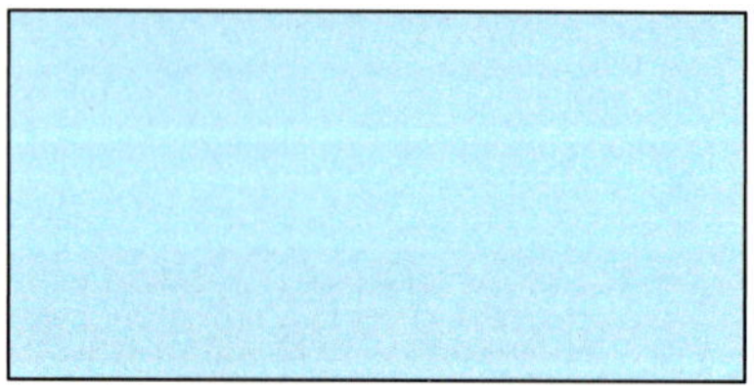

b) 

c) 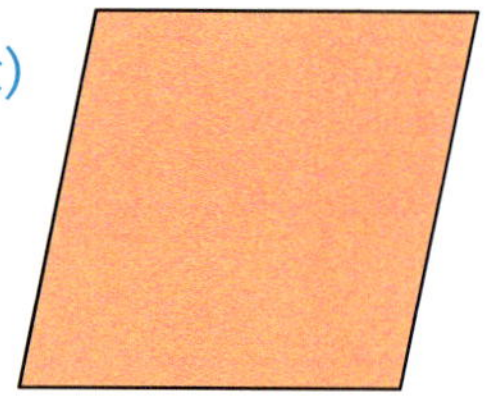

d) 

e) 

a) ▢ rechte Winkel
b) ▢ rechte Winkel
c)

2 Zeichne die Figuren genau ab. Nutze die Rechenkästchen in deinem Heft. Kennzeichne die rechten Winkel. Überprüfe sie mit dem Geodreieck.

a) 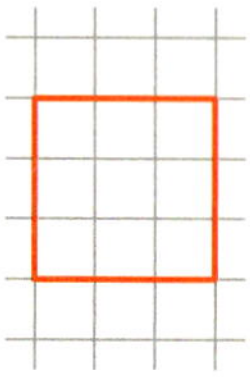

b) 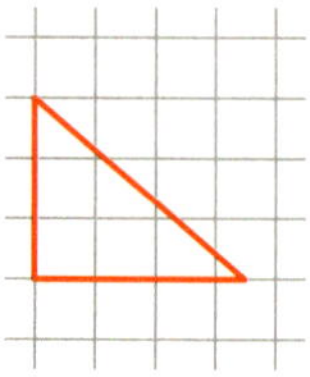

c) 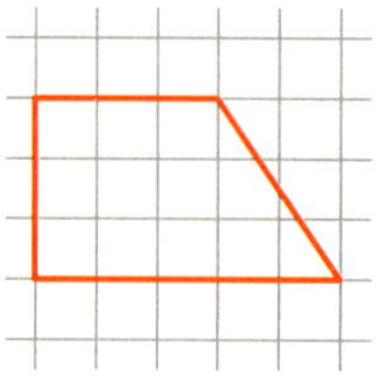

d) ★ 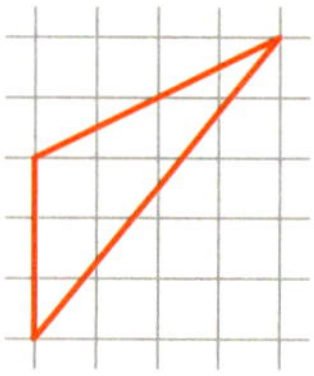

e) ★ 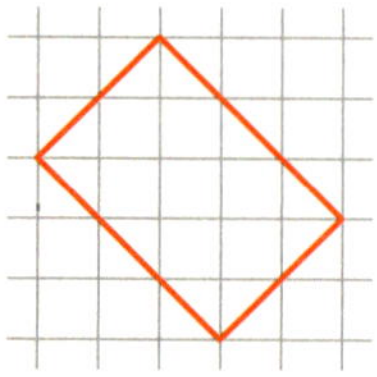

3 Arbeitet gemeinsam.

a) Ein Partner bildet ein Dreieck, der andere prüft mit dem Geodreieck, ob er einen rechten Winkel findet.

b) Bildet verschiedene Vierecke, die genau 2 rechte Winkel haben. Überprüft die Winkel mit dem Geodreieck.

c) Zeigt eure Winkel in der Klasse. Besprecht die Ergebnisse.

Zwei Geraden, die senkrecht aufeinandertreffen, bilden einen rechten Winkel.

4 Suche rechte Winkel.

a) 

b) 

c) 

d) 

Achsensymmetrie

1 Alte Türen sind schön verziert.
Schau dir den Beschlag genau an.
Die Spiegelachse ist eingezeichnet.

2 Das rechte Bild zeigt die ganze Tür.
Auch sie ist symmetrisch.
Benutze einen Spiegel.

3 Achsensymmetrische Figuren haben eine Spiegelachse.
Du kannst sie entdecken. Stelle einen Spiegel auf die rote Linie.
Das Spiegelbild zeigt den verdeckten Ausschnitt. Probiere aus.

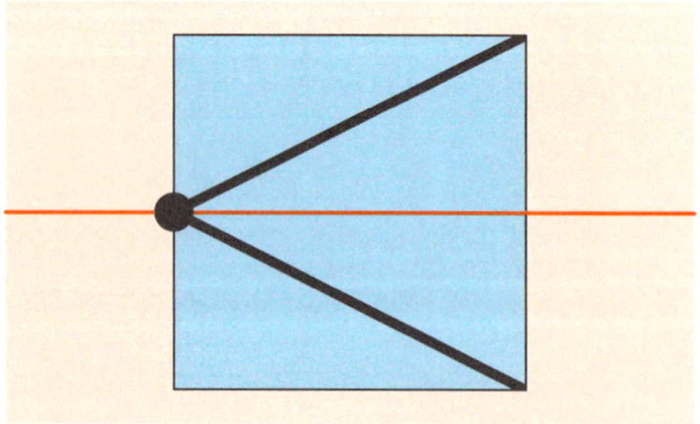

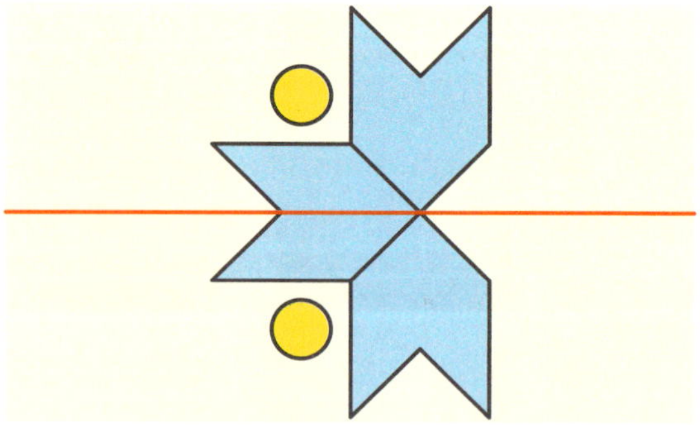

4 Zeichne ein Rechteck. Es soll 3 cm breit und 6 cm hoch sein.

a) Halte einen Spiegel an die rechte Seite. Welche Form siehst du?

b) Halte den Spiegel nun an den oberen Rand des Rechtecks.
Was stellst du fest?

5 Diese Figuren haben mehrere Spiegelachsen. Wie viele entdeckst du? Probiere aus.

a)

b)

c)

6 Prüfe mit einem Spiegel.

A B E G H K

N M O P S Z

a) Welche Buchstaben haben eine Spiegelachse?

b) Bei welchen Buchstaben liegt die Spiegelachse waagerecht?

c) Welche Buchstaben haben mehr als eine Spiegelachse?

7 Links siehst du zwei Bilder. Welches der rechten Bilder ist das Spiegelbild? Probiere mit dem Spiegel.

a)

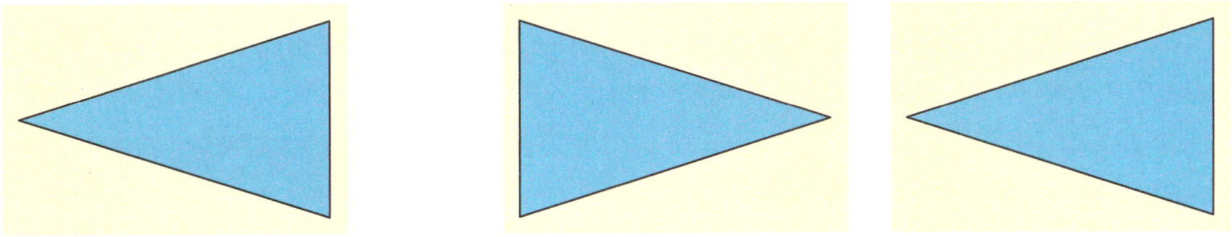

b)

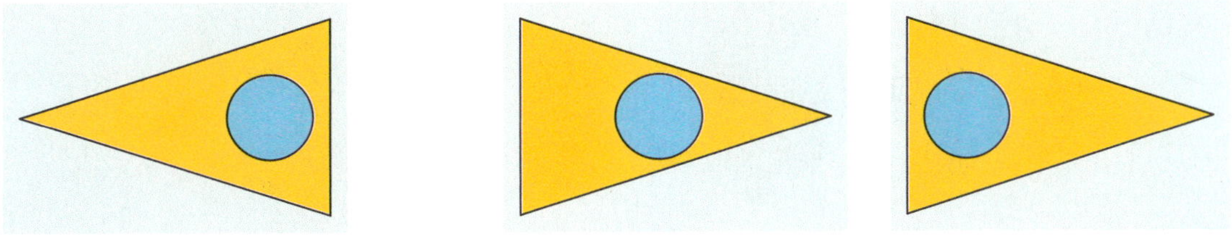

Spiegelachsen

1 Entdecke in den Mustern Spiegelachsen.

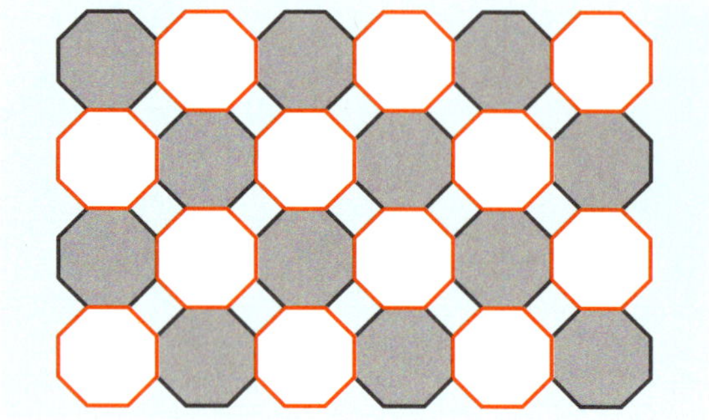

2 Zeichne die Muster nach. Du kannst dazu eine Schablone herstellen.

★ a) Zeichne Spiegelachsen ein.

b) Gestalte deine Zeichnung farbig. Achte dabei auf die Symmetrie.

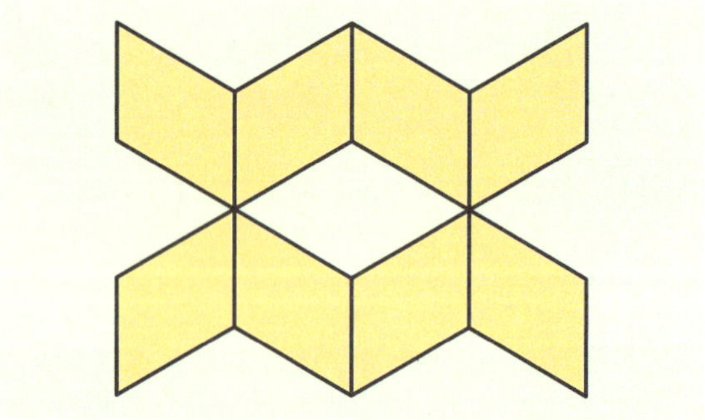

3 Symmetrische Figuren könnt ihr auch mit Gesten oder eurem Körper darstellen. Dazu setzt ihr euch gegenüber. Einer beginnt mit einer Bewegung. Der andere macht jede Bewegung nach, so als ob er das Spiegelbild wäre.
Dann wechselt ihr den „Vorspieler".

Achsensymmetrische Figuren zeichnen

1 Zeichne Figuren und schneide sie aus.

a) ein Quadrat b) ein Rechteck c) ein Kreis

d) ein Dreieck, das genauso groß ist wie dein Geodreieck

Kannst du die Figuren so falten, dass ihre Teile genau aufeinanderliegen?

2 Zeichne diese Figuren und schneide sie aus. Falte auch diese Figuren. Liegen gleiche Teile aufeinander?

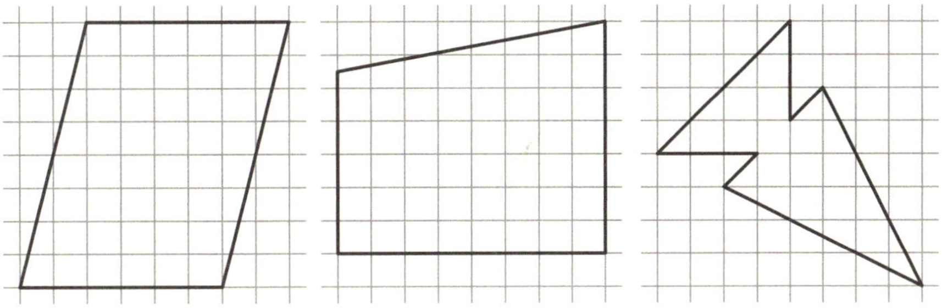

Figuren sind achsensymmetrisch, wenn sie mindestens eine Spiegelachse haben.

3 Scherenschnitte

a) Falte ein Blatt Papier genau in der Mitte. Zeichne die Figur.
Schneide die Figur aus und falte das Papier auseinander.

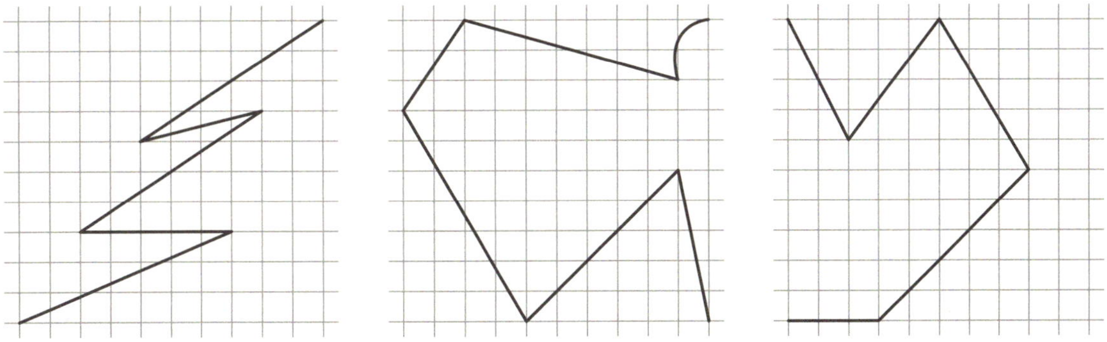

b) Denke dir weitere Figuren aus.

4 Baue ein Papierflugzeug.
Je gleichmäßiger du beide Seiten faltest, desto besser fliegt es.
Die gestrichelten Linien sind Faltachsen.

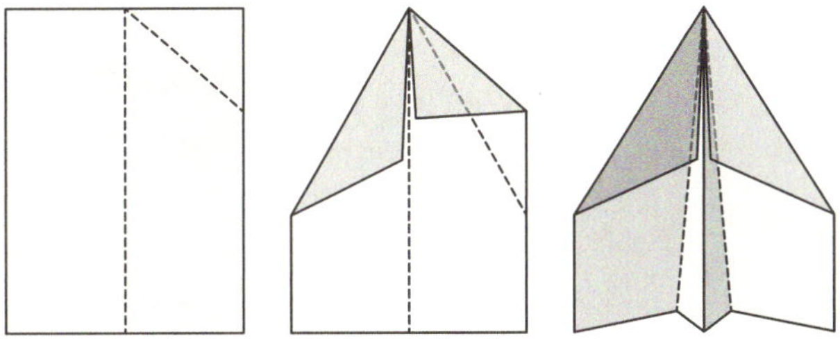

Geschicktes Rechnen – Subtraktion im Kopf

1 Erzähle.

2 Lege nach und schreibe die Aufgaben in dein Heft.

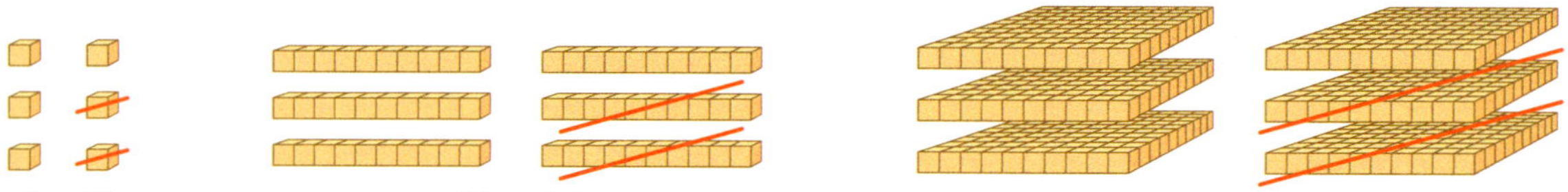

6 – 2 60 – 20 600 – 200

a)	b)	c)	d)
7 – 4	8 – 3	5 – 1	9 – 5
70 – 40	80 – 30	50 – 10	90 – 50
700 – 400	800 – 300	500 – 100	900 – 500

3 Finde Minusaufgaben mit dem gleichen Ergebnis.

2	20	200
6 – 4	60 – 40	600 – 400
4 – 2	40 – 20	400 – 200
5 – 3	50 – 30	500 – 300
9 – 7	90 – 70	900 – 700

a) 5 50 500

b) 1 10 100

c) 7 70 700

d) 3 30 300

e) 4 40 400

4 Legt nach und schreibt die Aufgaben in eure Hefte.

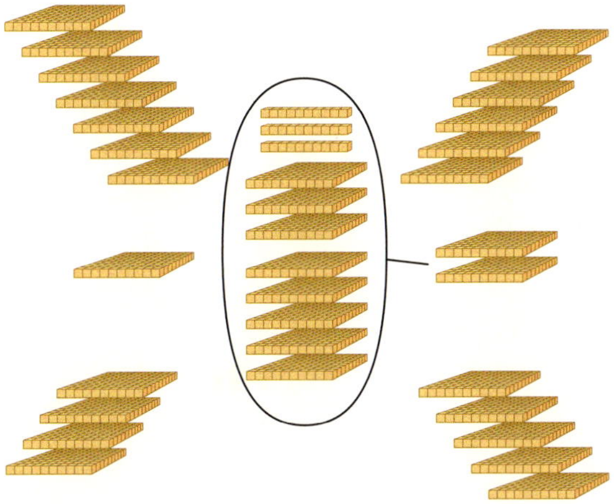

8 3 0 – 2 0 0 =

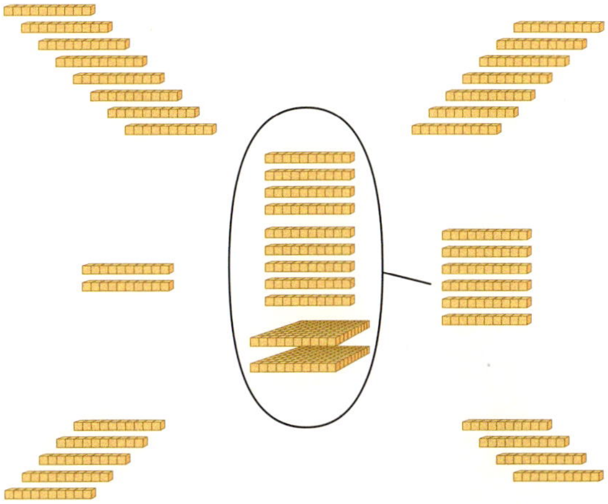

2 9 0 – 6 0 =

5 Schreibe die Aufgaben in dein Heft und subtrahiere.

a) 780 270 390 450 560 650 890 – 20 30 40 50

b) 520 660 890 910 730 480 940 – 100 200 300 400

c) 820 990 860 880 950 910 870 – 500 600 700 800

6 Rechne im Heft.

a)	b)	c)	d)	e) ★
770 – 200	190 – 60	770 – 700	190 – 10	350 – 150
920 – 100	260 – 20	540 – 40	360 – 200	630 – 120
670 – 400	370 – 50	310 – 300	740 – 30	480 – 280
630 – 300	950 – 40	160 – 60	510 – 400	770 – 370

7 Schreibe die Aufgaben in dein Heft und rechne.

4 8 0 – = 3 8 0

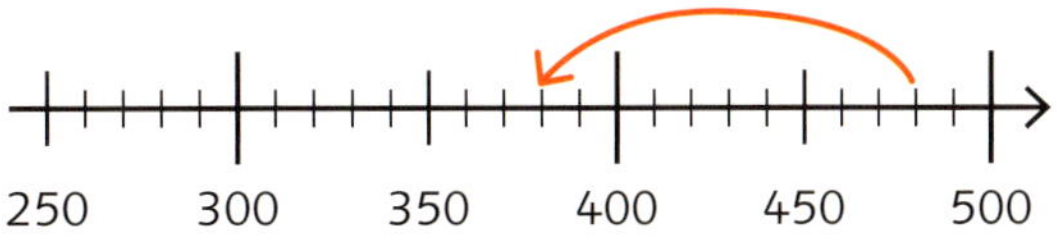

a) 460 – ▢ = 440 b) 460 – ▢ = 360

c) 460 – ▢ = 340 d) 460 – ▢ = 300

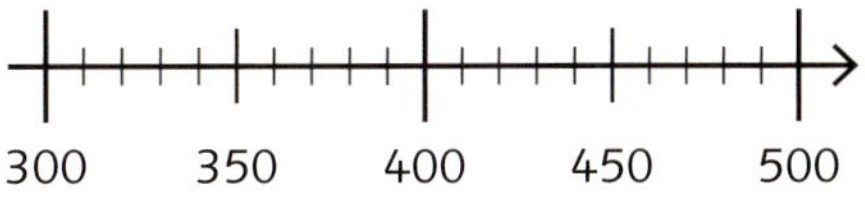

e) 840 – ▢ = 820 f) 840 – ▢ = 740

g) 840 – ▢ = 720 h) 840 – ▢ = 700

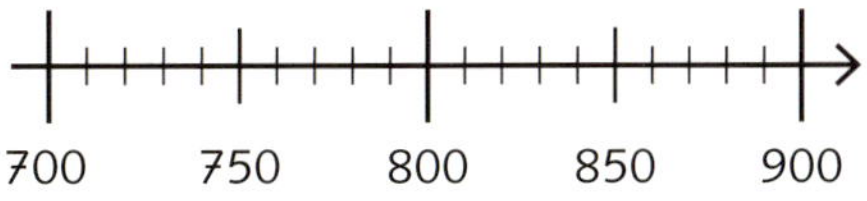

Halbschriftliche Subtraktion ohne Überschreitung

Ole hat auf seinem Sparbuch 360 € angespart.
Er möchte sich ein Paar Rollschuhe für 140 € kaufen.

Ole schreibt:

Die Aufgabe heißt:
360 **minus** 140

360 − 140

Ich zerlege 140
in Hunderter und Zehner:
100 **und** 40

360 − 140
100
40

Ich ziehe zuerst
die Hunderter ab:
360 **minus** 100 **gleich** 260

360 − 140
360 − 100 = 260
40

Von dem Ergebnis
ziehe ich nun die Zehner ab:
260 **minus** 40 **gleich** 220

360 − 140
360 − 100 = 260
260 − 40 = 220

Das Ergebnis 220 schreibe ich
hinter die Aufgabe.

360 − 140 = 220
360 − 100 = 260
260 − 40 = 220

Ole hat noch 220 € übrig.

1 Lege mit Rechengeld und rechne wie Ole.

a)	b)	c)	d)	e)
480 – 250	930 – 420	960 – 230	370 – 260	740 – 110
730 – 310	390 – 240	690 – 370	560 – 110	970 – 250

110 150 230 260 320 420 450 510 630 720 730

2 Ein paar Kinder aus Oles Klasse haben auch viel Geld gespart.
Wie viel Geld haben sie übrig? Rechne wie Ole im Heft.

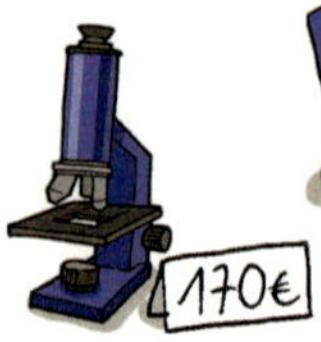

a) Mona hat 290 € gespart und möchte sich eine Stereoanlage kaufen.

b) Dennis hat 360 € gespart und möchte sich ein Aquarium kaufen.

c) Ina hat zusammen mit ihrem Bruder 280 € gespart. Sie wollen sich ein Mikroskop kaufen.

Subtraktion über den Hunderter

1 Schreibe die Aufgaben in dein Heft und rechne. Benutze den Zahlenstrahl.

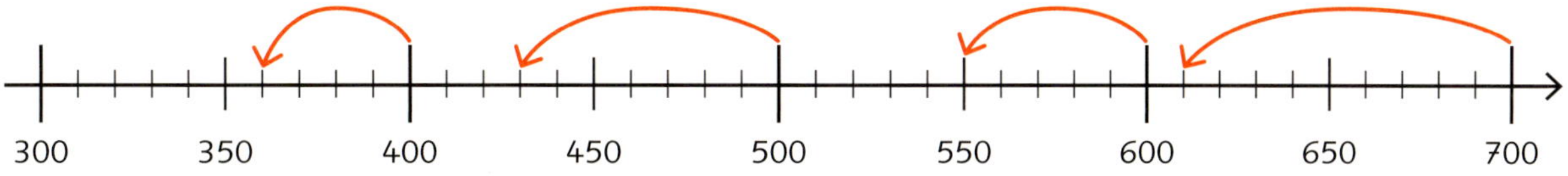

400 – 40　　500 – 70　　600 – 50　　700 – 90

a) 600 – 20
600 – 90
600 – 40

b) 400 – 30
400 – 60
400 – 70

c) 700 – 10
700 – 70
700 – 80

d) 500 – 40
600 – 40
400 – 40

e) 400 – 80
500 – 80
600 – 80

2 Rechne im Kopf und dann im Heft.

a) 600 – ▢ = 540
700 – ▢ = 620
300 – ▢ = 290

b) 400 – ▢ = 380
500 – ▢ = 450
600 – ▢ = 570

c) 400 – ▢ = 370
200 – ▢ = 130
700 – ▢ = 660

d) 100 – ▢ = 70
400 – ▢ = 30
1 000 – ▢ = 90

3 Der Sprung über den Hunderter. Rechne 360 – 80 = ▢. Arbeite mit dem Material.

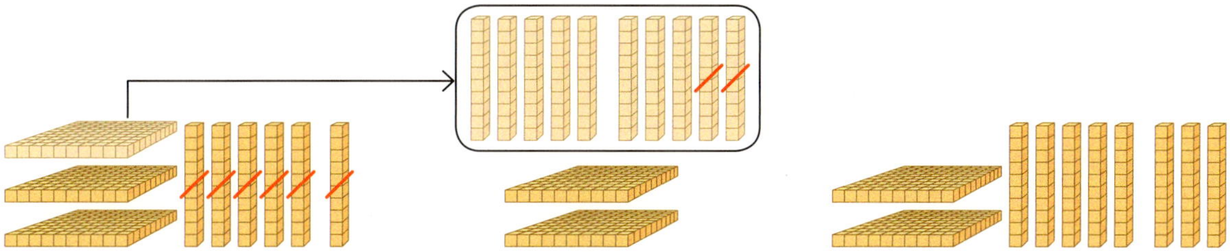

Rechne bis zum Hunderter.
360 – 60 = ▢

Wechsle einen Hunderter in zehn Zehner.
Dann ziehe den Rest ab.
300 – 20 = ▢

Das Ergebnis ist 280.
360 – 80 = 280

4 Lege die Aufgaben mit dem Material. Zerlege und rechne.

a) 320 – 60
320 – 20 – 40

b) 540 – 70
540 – 40 – 30

c) 610 – 50
610 – 10 – 40

d) 850 – 60
850 – 50 – 10

5 Zerlege und rechne.

a) 320 – 30
320 – 20 – ▢

b) 540 – 90
540 – 40 – ▢

c) 610 – 70
610 – 10 – ▢

d) 850 – 90
850 – 50 – ▢

Halbschriftliche Subtraktion mit Überschreitung

Lena hat 350 € gespart.
Sie möchte sich ein Mikroskop für 170 € kaufen.

Lena schreibt:

Die Aufgabe heißt:
350 **minus** 170

350 – 170

Ich zerlege 170 in Hunderter und Zehner:
100 **und** 70

350 – 170
100
70

Ich ziehe zuerst die Hunderter ab:
350 **minus** 100 **gleich** 250

350 – 170
350 – 100 = 250
70

Von dem Ergebnis ziehe ich nun die Zehner ab:
250 **minus** 70 **gleich** 180

350 – 170
350 – 100 = 250
250 – 70 = 180

Das Ergebnis 180 schreibe ich hinter die Aufgabe.

350 – 170 = 180
350 – 100 = 250
250 – 70 = 180

Lena hat noch 180 € übrig.

1 Lisa hat 230 € gespart. Sie möchte sich eine Stereoanlage für 160 € kaufen. Wie viel Geld hat Lisa übrig? Schreibe ins Heft und rechne wie Lena.

2 Rechne im Heft.

a)	b)	c)	d)	e)
460 – 170	680 – 390	730 – 480	440 – 260	520 – 150
840 – 360	420 – 150	560 – 290	960 – 480	350 – 270

3 Herr Elbrecht möchte seinen Gehweg pflastern. Auf einer Palette werden ihm 620 Pflastersteine geliefert. Für seinen Gehweg braucht er 480 Steine. Wie viele Steine hat er übrig?

4 Frau Buss fährt im Urlaub an die Nordsee und bezahlt für eine Woche im Hotel 420 €. Frau Kassen fährt auch an die Nordsee. Sie bezahlt für eine Woche nur 290 €. Wie viel Geld hat Frau Kassen weniger bezahlt?

Rechenkonferenz

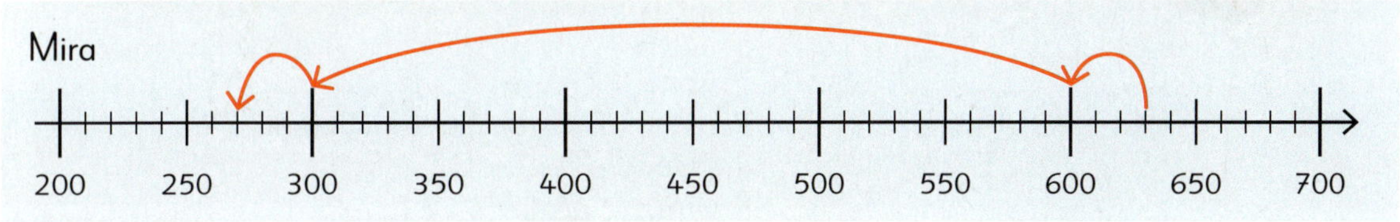

Dennis

630 – 400 = 230
230 + 40 = 270

Tim

630 – 360 = 270
630 – 300 = 330
330 – 60 = 270

Mona

630 – 360 = 270
630 – 60 = 570
570 – 300 = 270

5 Welchen Rechenweg findest du am besten?
Stelle ihn deiner Klasse vor.

6 Probiere verschiedene Rechenwege aus.

a)	b)	c)	d)	e)
720 – 190	340 – 180	350 – 170	760 – 280	650 – 190
410 – 270	560 – 280	610 – 380	530 – 170	840 – 280

140 160 180 230 280 340 360 460 480 530 560

7 Wie rechnest du?

a)	b)	c)	d)	e)
550 – 290	630 – 170	930 – 450	830 – 670	410 – 280
440 – 150	310 – 190	650 – 380	520 – 270	720 – 370

120 130 160 250 260 270 290 320 350 460 480

Schriftliche Subtraktion ohne Übertrag

Oles Mutter hat viel Arbeit im Büro.
Ole möchte ihr helfen.
Er rechnet.

Ole schreibt:

	H	Z	E
	5	6	7
–	2	5	4

	H	Z	E
	5	6	7
–	2	5	4
			3

	H	Z	E
	5	6	7
–	2	5	4
		1	3

	H	Z	E
	5	6	7
–	2	5	4
	3	1	3

1 Jetzt hat Ole Spaß am Rechnen und löst noch eine Aufgabe: 345 – 132.
Rechne schriftlich und überprüfe mit dem Material.

	H	Z	E
	3	4	5
–	1	3	2
	■	■	■

Von 345 musst du 132 wegnehmen:

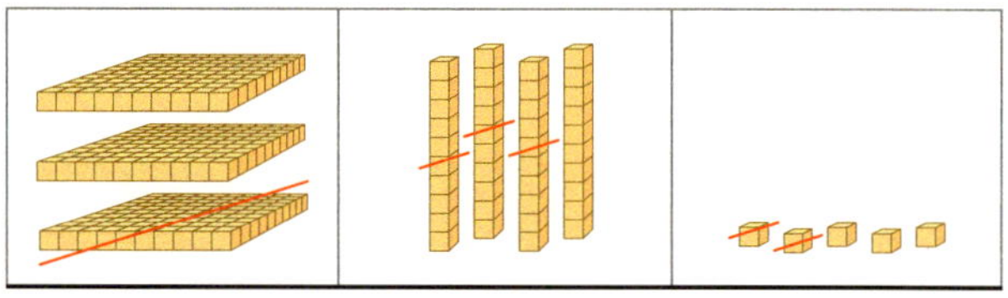

■ ■ ■

2 Subtrahiere wie Ole und prüfe mit dem Material.

a)

	H	Z	E
	8	7	4
–	4	2	3

b)

	H	Z	E
	5	6	9
–	4	3	7

c)

	H	Z	E
	9	8	7
–	7	6	1

d)

	H	Z	E
	7	4	6
–	5	2	3

e)

	H	Z	E
	6	8	5
–	2	5	1

3 Rechne schriftlich im Heft.

986 | 768 | 657 | 895 | 976 – 534 | 243 | 412

Ergänzungsverfahren als Alternative S. 144

Rund ums Kino

Montag	Dienstag	Mittwoch	Donnerstag	Freitag	Samstag	Sonntag
15:00 Uhr *Die Erde* 121 Gäste	17:00 Uhr *Pongo-Pinguin* 152 Gäste	15:00 Uhr *Die Erde* 114 Gäste	17:00 Uhr *Pongo-Pinguin* 133 Gäste	15:00 Uhr *Die Erde* 253 Gäste	17:00 Uhr *Pongo-Pinguin* 264 Gäste	11:00 Uhr *Schneewittchen* 273 Gäste
20:00 Uhr *Benny & Anne* 243 Gäste	20:30 Uhr *Benny & Anne* 274 Gäste	20:00 Uhr *Benny & Anne* 261 Gäste	20:30 Uhr *Der Cop* 385 Gäste	20:00 Uhr *Der Cop* 364 Gäste	20:30 Uhr *Der Cop* 382 Gäste	18:00 Uhr *Benny & Anne* 271 Gäste

1 Im großen Saal 3 des Kinos laufen täglich zwei Filme. Der Saal hat 385 Plätze.

Montag: 15:00

	H	Z	E
	3	8	5
−	1	2	1

a) Wie viele Plätze bleiben am Montag um 15:00 Uhr frei?

b) Wie viele Plätze bleiben am Montag um 20:00 Uhr frei?

c) Wie viele Plätze bleiben jeweils bei den anderen Vorstellungen frei?

2 Am Donnerstag läuft der neue Film „Der Cop" im großen Saal 3 an. Es sind 497 Leute zur Premiere gekommen. Wie viele Leute bekommen keinen Platz?

3 In den kleinen Saal 1 ist Platz für 254 Leute. Am Sonntag um 20:00 Uhr kommen nur 133 Leute, um den Film zu sehen. Wie viele Plätze bleiben frei?

4 475 Kinokarten können in einem Block gedruckt werden.

★ a) Wie viele Karten bleiben am Montag übrig? Wie kannst du rechnen?

b) An welchen Tagen reicht ein Block nicht für die zweite Vorstellung? Rechne und erkläre.

5 Rechentraining. Rechne im Heft und kontrolliere mit dem Taschenrechner.

	8	9	4		8	9	4		8	9	4
−	7	1	2	−	3	5	1	−	2	6	1

a) 894 − | 712 | 351 | 261 | 682 | 423

b) 789 − | 435 | 254 | 627 | 376 | 518

c) 846 − | 214 | 425 | 631 | 313 | 521

Schriftliche Subtraktion mit Übertrag bei den Einern

1 Die Klasse 5 b hat 263 € in der Klassenkasse. Anna schlägt einen Ausflug in den Klettergarten vor. Das kostet für alle zusammen 129 €. Sie rechnet an der Tafel vor, dass genug Geld für Essen und Getränke übrig bleibt.

Anna schreibt:

Die Aufgabe heißt: 263 **minus** 129

Zuerst subtrahiere ich die **Einer**: 3 minus 9 **kann ich nicht rechnen**.

	H	Z	E
	2	6	3
–	1	2	9

Ich wechsle einen **Zehner** in zehn **Einer**. Jetzt habe ich nur noch 5 **Zehner**.

	H	Z	E
		5	
	2	~~6~~	3
–	1	2	9

Ich habe nicht mehr 3 **Einer**, sondern 13 **Einer**.

	H	Z	E
		5	13
	2	~~6~~	~~3~~
–	1	2	9

Nun kann ich die **Einer** subtrahieren: 13 **minus** 9 **gleich** 4

	H	Z	E
		5	13
	2	~~6~~	~~3~~
–	1	2	9
			4

Jetzt subtrahiere ich die **Zehner**: 5 **minus** 2 **gleich** 3

	H	Z	E
		5	13
	2	~~6~~	~~3~~
–	1	2	9
		3	4

Zum Schluss subtrahiere ich die **Hunderter**: 2 **minus** 1 **gleich** 1

	H	Z	E
		5	13
	2	~~6~~	~~3~~
–	1	2	9
	1	3	4

Das Ergebnis ist 134.

a) Wie hat Anna gerechnet?

b) Was ist beim Aufschreiben wichtig?

c) Wie viel Geld hat die Klasse für Essen und Trinken übrig?

Ergänzungsverfahren als Alternative S. 144

2 Tim und Lena überprüfen die Rechnung mit Rechengeld und legen die Aufgabe nach. Damit sie rechnen können, müssen sie einen 10-Euro-Schein in zehn 1-Euro-Stücke tauschen.

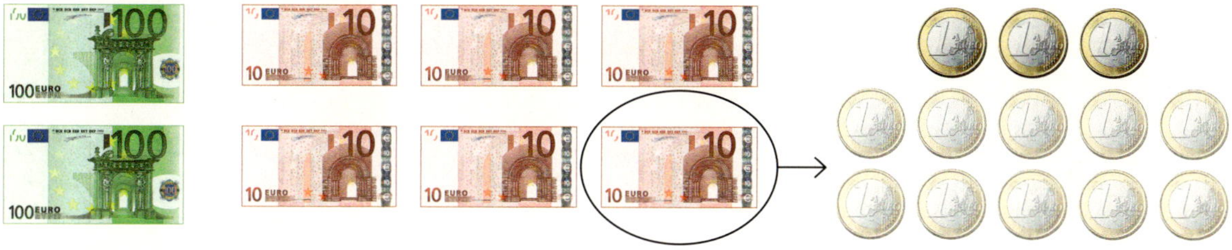

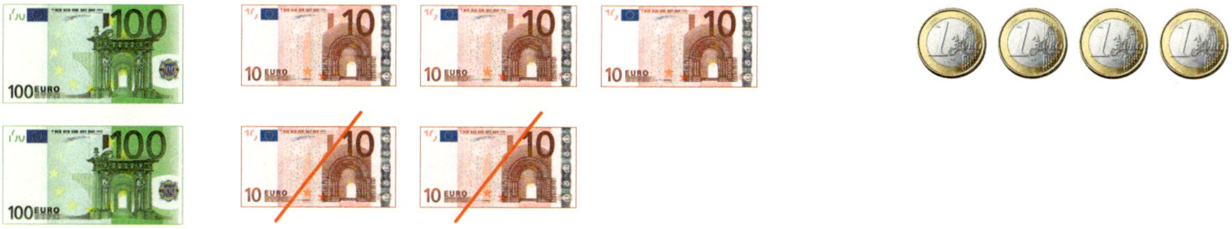

3 Rechne wie Anna und überprüfe wie Tim und Lena.

a)

	H	Z	E
	4	7	4
−	2	3	9

b)

	H	Z	E
	7	8	1
−	5	4	6

c)

	H	Z	E
	3	5	7
−	1	2	9

d)

	H	Z	E
	8	9	3
−	5	7	6

e)

	H	Z	E
	7	8	5
−	2	5	8

f)

	H	Z	E
	6	4	2
−	4	2	6

g)

	H	Z	E
	4	8	1
−	1	3	5

h)

	H	Z	E
	9	6	4
−	5	2	7

i)

	H	Z	E
	5	7	1
−	2	4	9

k)

	H	Z	E
	7	5	7
−	2	3	8

l)

	H	Z	E
	3	5	6
−	1	3	7

m)

	H	Z	E
	6	6	3
−	4	2	5

4 Kannst du schon so rechnen wie Anna? Schreibe die Aufgaben stellengerecht in dein Heft und rechne. Achte auf die neue Rechenreihe.

a) 964 – 339
743 – 215

b) 582 – 157
873 – 548

c) 761 – 429
674 – 238

d) 375 – 148
582 – 217

e) 674 – 327
895 – 636

227 247 259 325 332 347 365 425 436 528 625

5 Rechne schriftlich im Heft.

774 863 981 692 784 – 328 417 249

6 Rechentraining. Rechne im Heft und kontrolliere mit dem Taschenrechner.

	8	9	2
−	2	4	5

	8	9	2
−	6	3	7

	8	9	2
−	4	6	4

a)	892 –	245	637	464	353	578
b)	764 –	415	348	527	439	128
c)	973 –	654	428	316	739	547
d)	681 –	443	357	264	536	229
e)	591 –	169	252	376	238	145

7 In der Winterbach-Schule sollen neue Unterrichtsmittel angeschafft werden.

a) Es können noch 573 € für Sportsachen ausgegeben werden.
Die Schüler wünschen sich zwei neue Tore zum Fußballspielen für 429 €.
Wie viel Geld bleibt für Bälle und Seile übrig?

b) Im Werkraum fehlt noch eine Bandsäge. Eine neue kostet 465 € und die Schule hat noch 691 € für neue Werkzeuge. Wie viel Geld bleibt übrig?

c) Der Musiklehrer Herr Reiß wünscht sich eine neue Gitarre für den Chor.
Für Musikinstrumente hat die Schule noch 473 €. Die Gitarre kostet 235 €.
Wie viel Geld bleibt noch für andere Instrumente übrig?

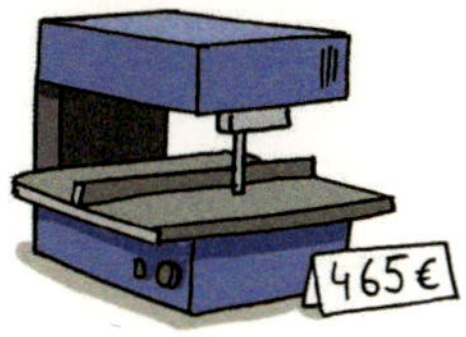

8 Die Birken-Schule hatte für ihr großes Sommerfest 365 € eingeplant.
Weil es viele Spenden gab, wurden nur 239 € ausgegeben.
Wie viel Geld hat die Schule nun für das nächste Fest übrig?

9 In der Turnhalle der Birken-Schule gibt es 129 verschiedene Bälle. Zum Spielen auf dem Schulhof haben die Kinder 12 Springseile und 8 Federballspiele.
Wie viel Spaß haben die Kinder in der Pause?

10 Rechne im Heft.

a)	b)	c)	d)	e)
782 – 346	593 – 227	681 – 436	343 – 129	964 – 735
663 – 346	482 – 227	954 – 436	564 – 129	891 – 735
473 – 147	795 – 536	854 – 627	682 – 347	564 – 238
662 – 147	851 – 536	985 – 627	595 – 347	876 – 238

11 Rechne im Heft und finde das Lösungswort.

462	634	571	753	942	863
– 237	– 317	– 139	– 526	– 615	– 438

E	E	S	P	P	U	U	R	R	!
233	227	225	323	432	317	448	327	333	425

Schriftliche Subtraktion mit Übertrag bei den Zehnern

1 Beim Schulfest werden für die Gäste 325 Waffeln gebacken.
Es werden jedoch nur 193 Waffeln gegessen.
Wie viele Waffeln bleiben für die Schüler übrig? Paul rechnet:

Paul schreibt:

Die Aufgabe heißt:
325 **minus** 193

Zuerst subtrahiere ich die **Einer**:
5 **minus** 3 **gleich** 2

	H	Z	E
	3	2	5
−	1	9	3
			2

Jetzt subtrahiere ich die **Zehner**:
2 **minus** 9 **kann ich nicht rechnen**.

	H	Z	E
	3	2	5
−	1	9	3
			2

Ich wechsle einen **Hunderter**
in zehn **Zehner**.
Jetzt habe ich nur noch 2 **Hunderter**.

	H	Z	E
	2		
	~~3~~	2	5
−	1	9	3
			2

Ich habe nicht mehr 2 **Zehner**,
sondern 12 **Zehner**.

	H	Z	E
	2	12	
	~~3~~	~~2~~	5
−	1	9	3
			2

Nun kann ich die **Zehner** subtrahieren:
12 **minus** 9 **gleich** 3

	H	Z	E
	2	12	
	~~3~~	~~2~~	5
−	1	9	3
		3	2

Zum Schluss subtrahiere ich
die **Hunderter**:
2 **minus** 1 **gleich** 1

	H	Z	E
	2	12	
	~~3~~	~~2~~	5
−	1	9	3
	1	3	2

Das Ergebnis ist 132.

a) Legt die Aufgabe mit Rechengeld nach und kontrolliert.

b) Was müsst ihr hier wechseln?

c) Was ist hier beim Aufschreiben wichtig?

Ergänzungsverfahren als Alternative siehe S. 144

2 Rechne wie Paul und prüfe mit Rechengeld.

a)

H	Z	E
9	1	7
– 4	7	5

b)

H	Z	E
6	3	8
– 2	5	2

c)

H	Z	E
5	4	6
– 1	8	4

d)

H	Z	E
8	2	6
– 5	6	3

e)

H	Z	E
7	3	8
– 3	9	3

f)

H	Z	E
4	2	6
– 1	7	2

g)

H	Z	E
8	5	7
– 6	8	4

h)

H	Z	E
6	7	8
– 4	2	3

3 Rechne im Heft. Denke an die Rechenreihe.

a) 439 − 177 b) 528 − 394 c) 716 − 272 d) 845 − 561 e) 657 − 286 f) 965 − 193

g) 918 − 692 h) 746 − 374 i) 429 − 197 k) 938 − 372 l) 378 − 186 m) 859 − 383

134 192 226 232 262 284 371 372 444 476 544 566 772

4 Rechentraining. Rechne im Heft und kontrolliere mit dem Taschenrechner.

8 5 4	8 5 4	8 5 4
− 2 9 2	− 3 2 6	− 5 3 9

a) 854 − | 292 | 326 | 539 | 463 | 645

b) 928 − | 637 | 592 | 767 | 245 | 484

c) 776 − | 261 | 475 | 552 | 384 | 193

d) 635 − | 443 | 227 | 392 | 138 | 471

e) 856 − | 428 | 584 | 261 | 749 | 173

5 ★ Subtrahiere immer die kleinere Zahl von der größeren Zahl.
Wähle deine Aufgaben selbst. Wie viele Aufgaben findest du?

627 924 434 153 257 735 546 865 817 671 282 394 157

Kreis

1 Die Bilder zeigen Kreise. Finde sie.

2 Welche Form kommt der Blume oder dem Feuerwerk am nächsten?

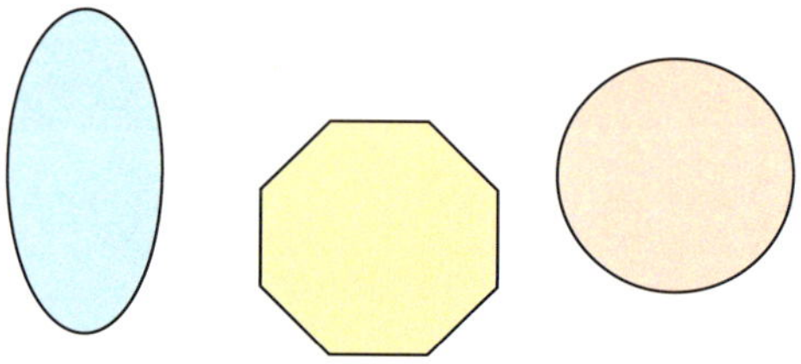

oval achteckig rund

Erkläre den Unterschied zwischen eckig, oval und rund.

3 Zeichne Kreise. Welche Gegenstände kannst du benutzen?

4 Zeichne einen Kreis auf Karton. Schneide ihn so aus, dass eine Schablone entsteht. Stelle verschieden große Schablonen her.

5 Nutze deine Schablonen, um Muster zu gestalten.
Hast du einen Trick, mit dem die Zeichnung gut gelingt?

a)

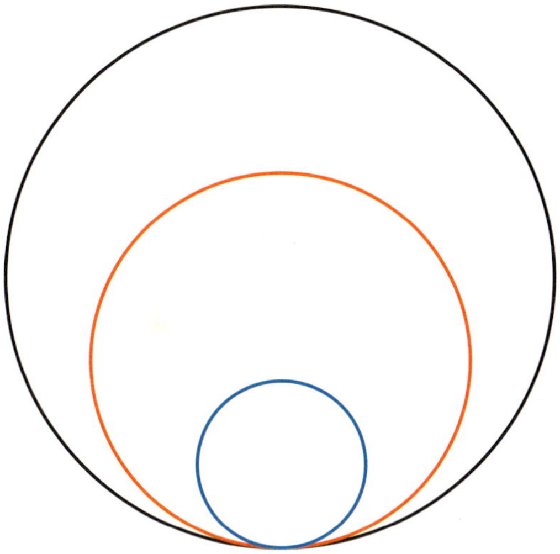

b)

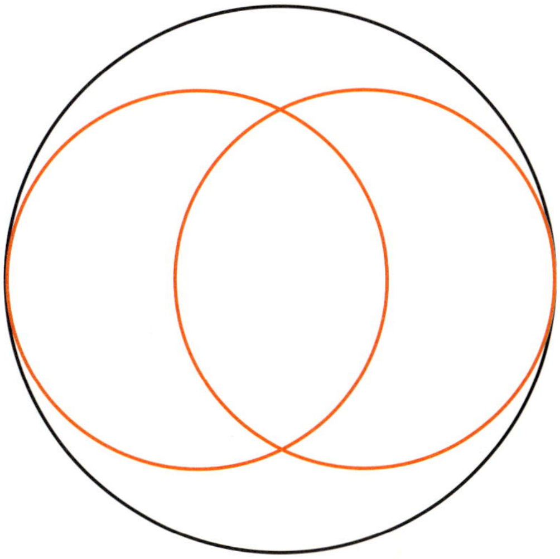

c)

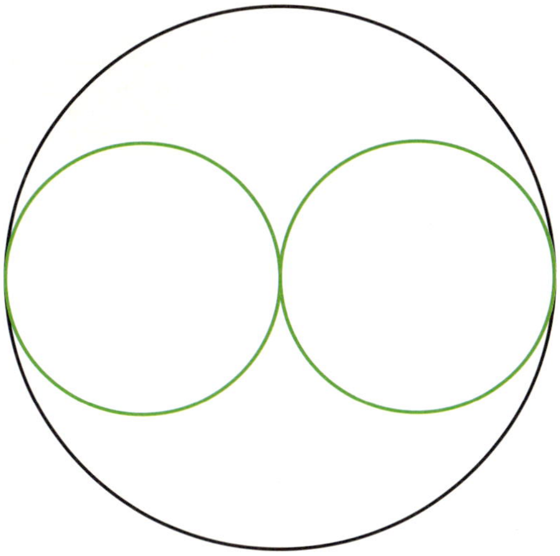

d)

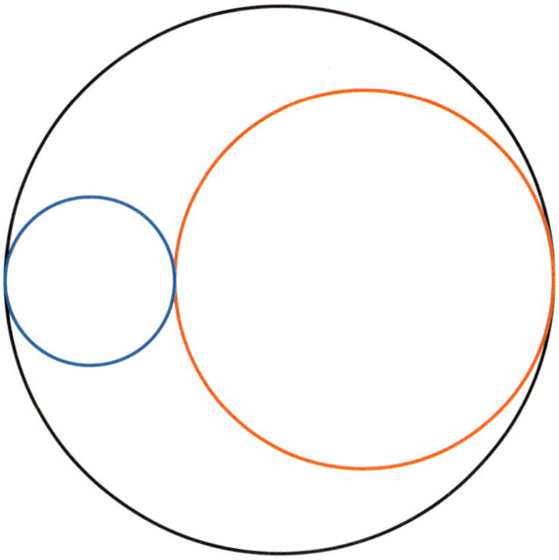

Zeichne die Kreise auch einzeln auf dünnem Papier und schneide sie aus.

6 So findest du den Mittelpunkt eines Kreises:

Schneide eine Kreisscheibe aus.

Falte sie mehrmals in der Mitte.

Die Faltlinien treffen sich im Mittelpunkt.

Kreise zeichnen

1 Zeichne einen Kreis mit dem Zirkel.
Der Abstand vom Mittelpunkt soll 5 cm betragen.

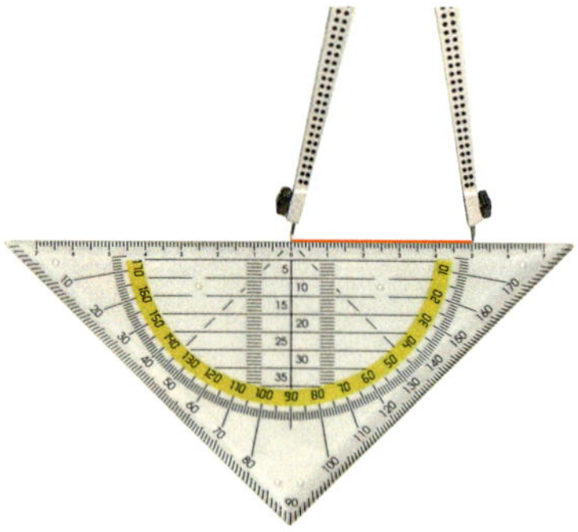

Du stellst den Zirkel auf 5 cm ein.

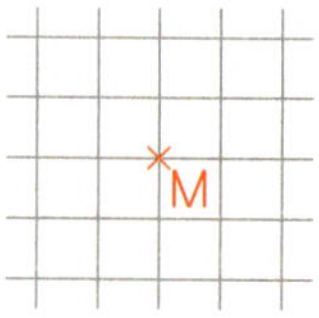

Du legst einen Mittelpunkt fest.

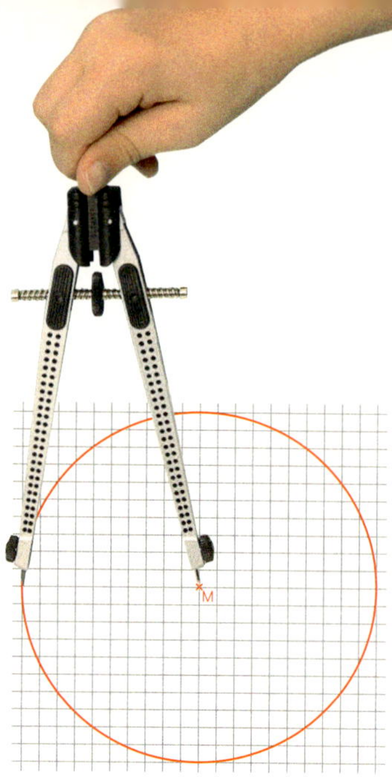

Du ziehst einen Kreis um den Mittelpunkt.

2 Zeichne Kreise.

a) 4 cm b) 6 cm c) 7 cm d) 3 cm e) 2 cm f) 5 cm h) 5,5 cm

3 Zeichne Kreise um einen gemeinsamen Mittelpunkt.

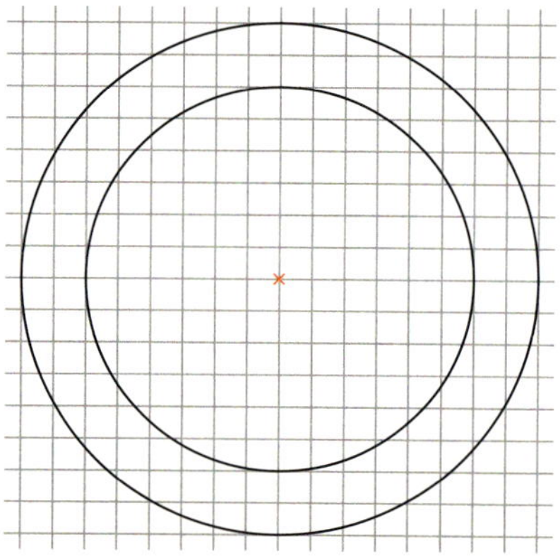

a) Beginne mit einem Abstand von 3 cm.

b) Vergrößere den Abstand immer um 1 cm.

c) Wiederholt die Zeichnung auf Karton.
Vergrößert den Abstand nochmals um 2 cm.
Schneidet vorsichtig entlang der Kreise und stellt ein Mobile her.

4 Übertrage das Muster in dein Heft.
Du kannst es bunt ausmalen.

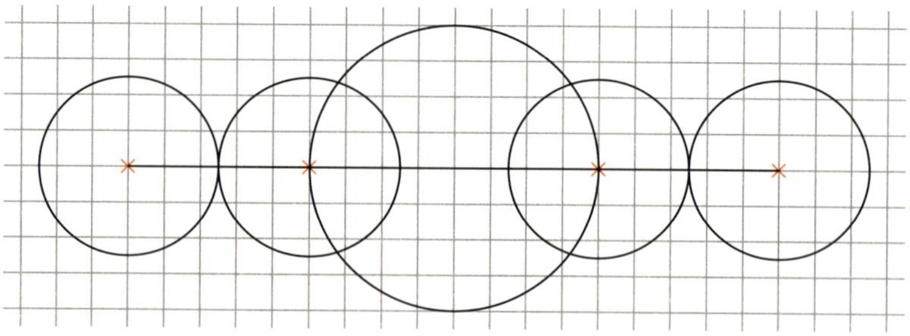

5 Entwirf ein Muster, ohne dass dein Partner sieht, wie es entsteht.
Kann er es nachzeichnen?

6 Zeichne Bandornamente in dein Heft.

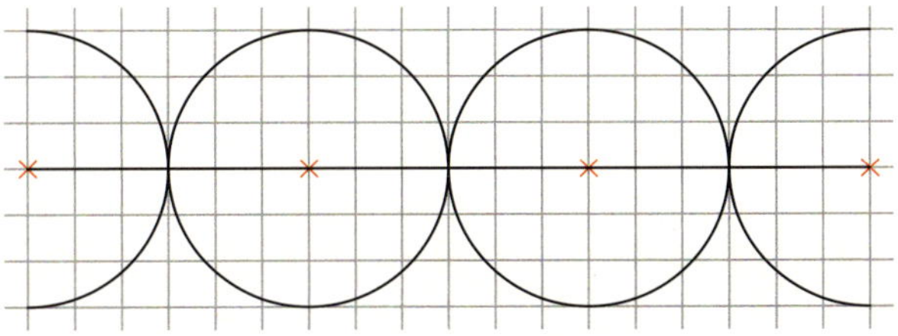

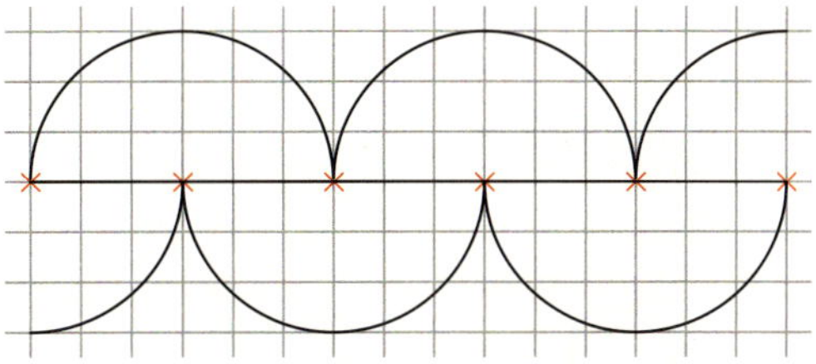

a) Male deine Bandornamente farbig aus.

b) Erfinde neue Bandornamente und zeichne sie.

7 Zeichnet Rosetten. Alle Kreise sind gleich groß.
Überlegt gemeinsam, wie die Zeichnung hergestellt wird.

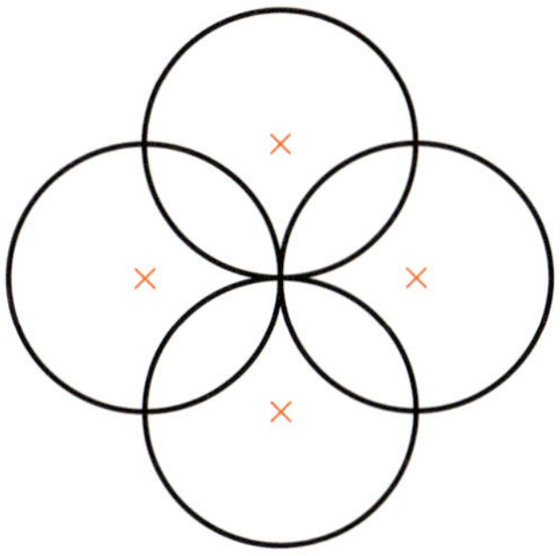

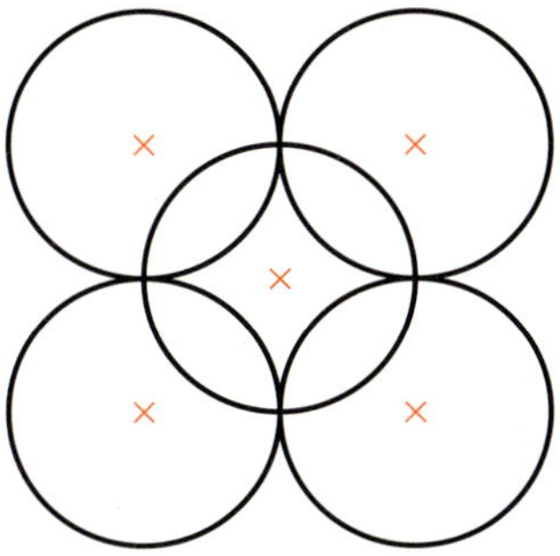

a) Wenn ihr die Rosetten verschieden ausmalt, hat jeder ein eigenes Muster.

b) Denkt euch weitere Rosetten aus. Zeichnet sie und malt sie aus.

8 Eine Rundmühle auf dem Schulhof

Wenn ihr Kreise ziehen mit der Schnur gut geübt habt, könnt ihr auf dem Schulhof eine Rundmühle zeichnen.

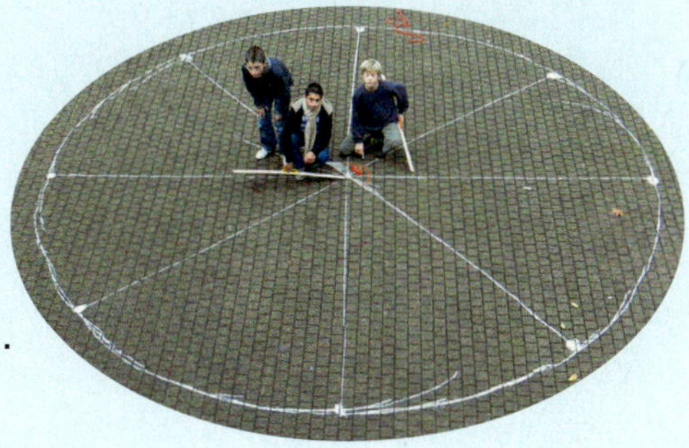

Spielregeln:
Zwei Personen spielen gegeneinander.
Jeder Spieler hat drei Steine einer Farbe.
Der Mittelpunkt und die Punkte auf der Kreislinie sind Plätze für die Spielsteine.

Spielverlauf:
Zuerst lost ihr die Spielsteine aus.
Welche Farbe beginnt?
Abwechselnd wird ein Stein auf das Spielfeld gesetzt. Dann wird gezogen.

Gewonnen hat der, dem es zuerst gelingt, eine Mühle zu schließen.
Eine Mühle ist geschlossen, wenn drei Steine einer Farbe auf einer Geraden stehen.

SUBTRAKTION 2

Schriftliche Subtraktion mit Probe

1 a) Was fällt dir auf?

b) Warum steht neben der Minusaufgabe eine Plusaufgabe an der Tafel?

c) Welche Ergebnis erhält Mira, wenn Murat richtig gerechnet hat?

2 Übertrage ins Heft und rechne. Überprüfe dein Ergebnis, indem du auch die Umkehraufgabe rechnest.

	2	14				1	8	6
	~~3~~	~~4~~	8		+	1	6	2
−	1	6	2			1		
	1	8	6			3	4	8

a) 984 − 657

b) 624 − 246

c) 864 − 246

d) 651 − 135

e) 753 − 272

f) 486 − 195

g) 535 − 219

h) 952 − 681

i) 987 − 472

k) 876 − 684

l) 765 − 246

m) 654 − 462

3 Übertrage ins Heft. Rechne mit Probe.

a) 973 − 245
b) 426 − 262
c) 765 − 436
d) 828 − 282

e) 689 − 578
f) 525 − 353
g) 355 − 164
h) 975 − 793

i) 579 − 135
k) 719 − 444
l) 892 − 275
m) 896 − 617

4 Schreibe stellengerecht untereinander. Rechne mit Probe.

a)	b)	c)	d)
431 – 112	545 – 126	948 – 152	332 – 115
431 – 113	656 – 237	948 – 162	424 – 252
431 – 114	767 – 348	948 – 172	635 – 324
431 – 115	878 – 459	948 – 182	853 – 672

5 Wie lautet die Minusaufgabe zu dieser Probe?

162 + 186 (Übertrag 1) = 348

Minusaufgabe: 348 − 186

a)	b)	c)	d)
571 + 271	343 + 449	135 + 857	116 + 129
326 + 438	124 + 449	186 + 361	127 + 127
471 + 371	434 + 449	246 + 746	138 + 125
526 + 238	412 + 449	297 + 472	149 + 123

6 Das kannst du im Kopf.

a)	b)	c)	d)
100 + 1	550 + 1	222 + 1	432 + 5
100 + 10	550 + 10	222 + 10	432 + 50
100 + 100	550 + 100	222 + 100	435 + 500
200 – 100	650 – ■	■ – 100	■ – ■
110 – 10	560 – ■	■ – 10	■ – ■
101 – 1	551 – ■	■ – 1	■ – ■

Schriftliche Subtraktion bei ungleicher Stellenzahl

1 Achte auf den Stellenwert.

a) Lege mit Rechengeld.

b) Übertrage in dein Heft. Achte auf den Stellenwert.
Rechne aus. Wie viel Geld bleibt übrig?

c) Wie hast du gerechnet?

	H	Z	E
	1	9	8
–			

Wenn ich schriftlich rechne,
muss ich die Zahlen stellengerecht untereinanderschreiben.

2 Achte auf den Stellenwert. Schreibe stellengerecht untereinander und rechne.

a)	b)	c)	d)
175 – 51	975 – 61	583 – 162	352 – 25
175 – 52	864 – 42	429 – 37	424 – 3
175 – 53	753 – 25	375 – 247	635 – 124
175 – 54	642 – 81	899 – 11	853 – 5

3 Bilde Minusaufgaben. Achte auf den Stellenwert. Rechne aus.

a) 888
777 555 333

b) 987
76 65 54

c) 654
435 426 417

d) 735
21 7 16

Die Null in der schriftlichen Subtraktion

1 Rechne im Kopf.

a) 1 – 0 2 – 0 ■ – 0 Wie geht es weiter?

b) 1 – 1 2 – 2 3 – ■ Wie geht es weiter?

2 Sieh dir die Beispielaufgaben an. Was fällt dir auf?

a)
```
  986
– 150
  836
```
b)
```
  547
– 205
  342
```
c)
```
  348
– 108
  240
```
d)
```
  793
– 470
  323
```

3

a)
```
  431
– 210
```
b)
```
  918
– 507
```
c)
```
  875
– 260
```
d)
```
  525
– 203
```
e)
```
  389
– 100
```

4 Sieh dir die Beispielaufgaben an. Was fällt dir auf?

a)
```
  348
– 148
  200
```
b)
```
  547
– 515
   32
```
c)
```
  975
– 475
  500
```
d)
```
  693
– 672
   21
```

5

a)
```
  525
– 512
```
b)
```
  965
– 265
```
c)
```
  464
– 361
```
d)
```
  731
– 721
```
e)
```
  389
–  49
```

6 Achte auf den Stellenwert. Schreibe stellengerecht untereinander.
Rechne schriftlich oder im Kopf.

a)	b)	c)	d)
475 – 465	975 – 171	583 – 562	332 – 22
485 – 455	864 – 262	429 – 417	424 – 4
495 – 445	759 – 158	375 – 344	635 – 16
465 – 435	647 – 345	899 – 811	853 – 3

7 Bilde Minusaufgaben. Achte auf den Stellenwert.
Rechne schriftlich oder im Kopf.

a) 999
222 777 944

b) 765
23 45 64

c) 642
412 430 621

d) 735
118 241 116

Übung

1 Subtrahiere von jeder Zahl 47 und addiere zu jeder Zahl 53. Was fällt dir auf?

~~875~~ 439 537 347 675 158 269

						8	7	5
	8	7	5		+		5	3
−		4	7					

2 Zahlenmauern

a) 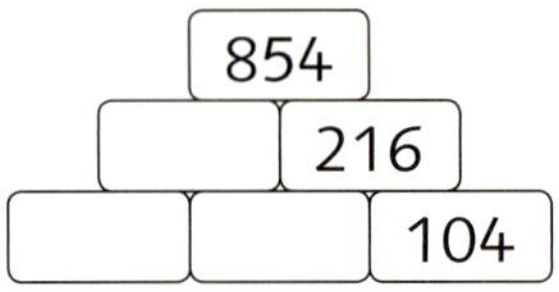

b) 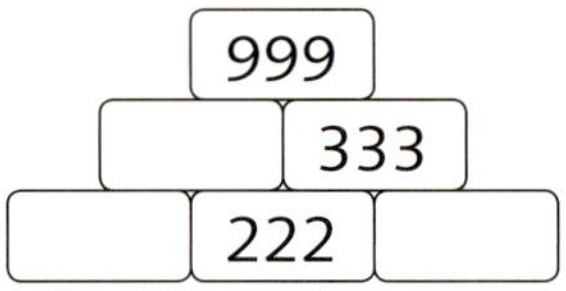

c) 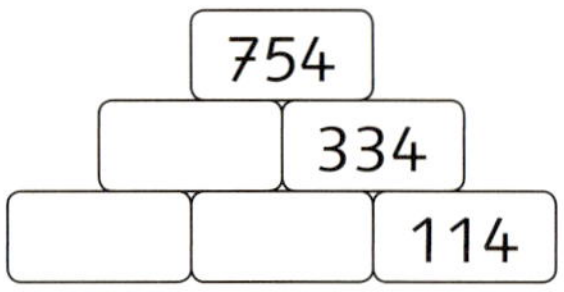

d) 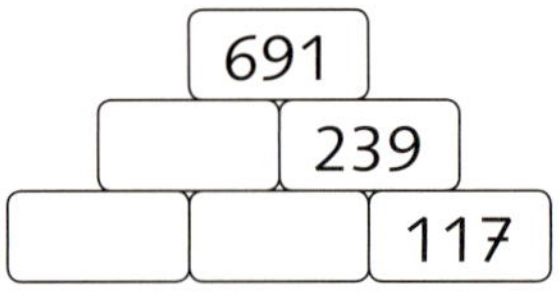

e) 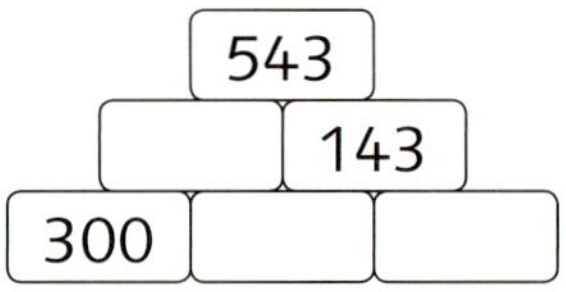

f) ★ 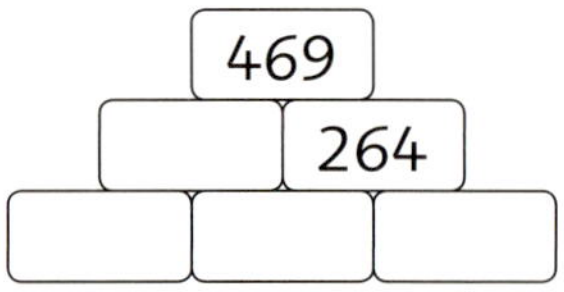

3 Rechendreiecke

a) 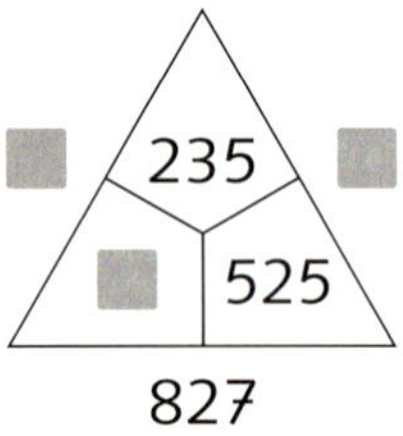

b) 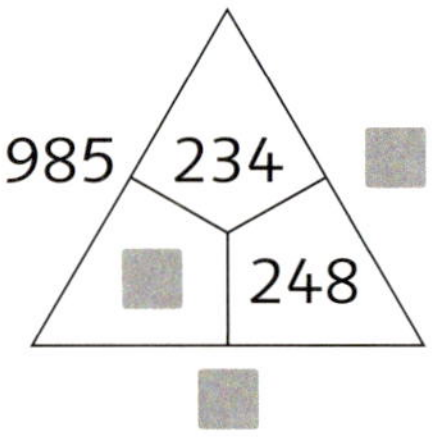

c) 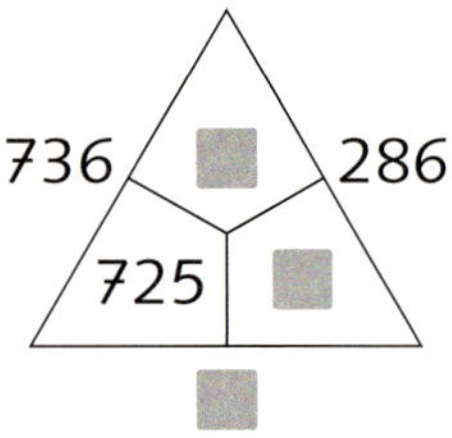

d) 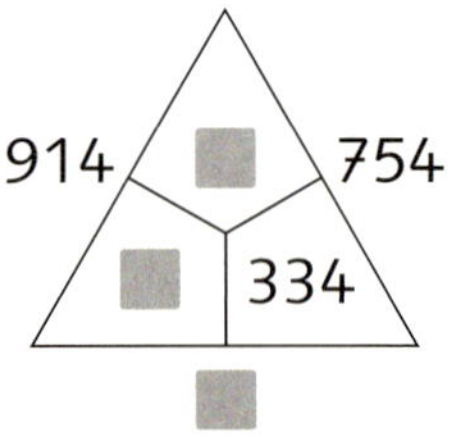

e) ★ 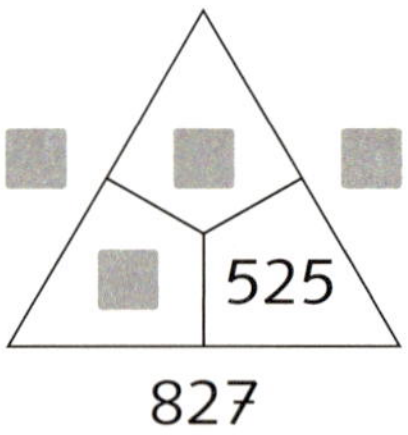

f) ★ 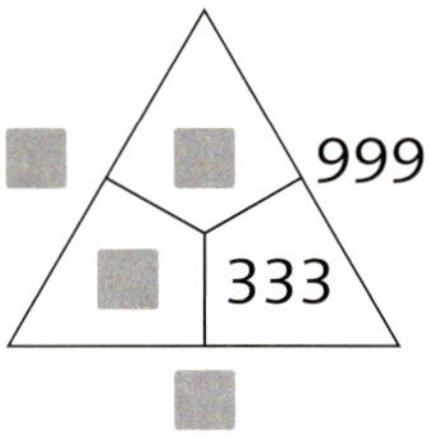

4 Aufgaben ohne Ende

Bilde aus den Zahlen 49 und 13
eine Additionsaufgabe und eine Subtraktionsaufgabe
und rechne. Bilde aus den Ergebnissen wieder
eine Additionsaufgabe und eine Subtraktionsaufgabe
und rechne.
Bilde auf diese Weise weitere Aufgaben.

4	9	+	1	3	=	6	2	
4	9	−	1	3	=	3	6	
6	2	+	3	6	=			
6	2	−	3	6	=			

5 Wie kannst du rechnen?

a)
345 + □ = 456
456 + □ = 567
567 + □ = 678
678 + □ = 789

b)
□ + 125 = 261
□ + 127 = 262
□ + 129 = 263
□ + 131 = 264

c) ★
986 = 563 + □
574 = 126 + □
425 = 232 + □
888 = □ + 222

6 Wie lauten die fehlenden Zahlen?

a)

962
641 + □
□ + 452
□ + 515
951 + □
342 + □

b)

849
□ + 638
□ + 247
45 + □
109 + □
□ + 312

c)

555
444 + □
□ + 333
111 + □
□ + 222
55 + □

d)

694
241 + □
□ + 345
354 + □
□ + 340
162 + □

7 Finde die Fehler. Kannst du sie erklären?

a)

	4	7	5
−	3	0	4
	1	0	9

b)

	7	6	5
−	1	5	
	6	1	5

c)

		14	
	9	4	8
−	1	5	2
	8	9	6

d)

			11
	4	~~3~~	1
−	1	1	2
	3	2	9

8 Zahlenlotto

0 1 2 3 4 5 6 7 8 9

a) Legt die Ziffernkarten mit den Ziffern von 0 bis 4 und von 5 bis 9 verdeckt auf zwei Haufen. Mischt die Haufen. Zieht aus jedem Haufen eine Karte und legt sie verdeckt auf den anderen Haufen. Zieht aus jedem Haufen drei Karten. Sortiert sie der Größe nach. Zieht die kleinere von der größeren Zahl ab.

9 8 2
7 4 3

	9	8	2
−	7	4	3

★ b) Suche die Aufgabe mit dem größten Unterschied.

★ c) Suche die Aufgabe mit dem kleinsten Unterschied.

Sachaufgaben

1 Lena möchte das Fahrrad kaufen. Sie hat 359€ gespart.

2 Lisa wünscht sich das Barbie Reisemobil und das Monopoly-Spiel. Sie hat 130€ gespart und bekommt von ihrer Oma noch 25€.

3 Ole hat 58€ gespart. Er träumt vom Fahrrad. Wie viel Euro fehlen ihm noch?

4 Murat würde sich gerne den Gokart kaufen. Sein Vater schenkt ihm 25€, seine Mutter legt 17€ dazu.

5 Du hast 218€ oder 352€ oder 129€ gespart.

a) Was könntest du dir kaufen?

b) Wie viel Geld würde übrig bleiben?

6 Erfinde eine leichte und eine schwierige Rechengeschichte. Stelle sie deiner Klasse vor.

7 Bilde Minusaufgaben. Achte auf den Stellenwert. Rechne schriftlich oder im Kopf.

a) 654
123 | 244 | 310

b) 729
130 | 28 | 234

c) 999
112 | 222 | 888

d) 535
125 | 5 | 216

Das kann ich schon

1 Schreibe stellengerecht ins Heft und rechne.

a) 537 + 135
293 + 224
843 + 38
631 + 260

b) 987 – 654
562 – 232
439 – 164
826 – 36

c) 823 – 120
351 + 139
638 + 53
583 – 143

d) 567 + 121
674 – 139
984 – 182
462 + 537

2 Rechne zur Probe auch die Umkehraufgabe.

a) 413 + 326 = 739
739 – 326 = 413

261 + 158
■ – ■

b) 984 – 383 = 601
601 + 383 = 984

888 – 222
■ + ■

c) 942 – 26 =
■ + ■

256 + 36
■ – ■

d) 988 + 11
■ – ■

693 – 363
■ + ■

3 Schriftlich oder im Kopf? Löse erst die Aufgaben, die du im Kopf rechnen kannst. Rechne dann die anderen Aufgaben schriftlich.

a) 199 + 217
432 + 201
234 + 658
379 + 17

b) 399 – 99
854 – 326
529 – 147
948 – 198

c) 516 + 212
999 – 777
678 – 68
333 + 555

d) 251 – 9
537 + 9
543 – 214
627 – 16

4 Welche Aufgaben kannst du im Kopf lösen?
Welche Aufgaben löst du schriftlich? Begründe.

5 Klecksaufgaben

a)

	6	✱	6
–	1	4	✱
	5	3	6

b)

	6	9	4
–	2	✱	2
	4	9	✱

c)

	✱	2	6
–	5	✱	6
	2	0	0

d)

	7	3	✱
–	7	✱	8
		2	1

e)

	6	8	✱
–	2	5	0
	4	✱	6

f)

	6	✱	9
–	✱	0	✱
	3	4	2

g)

	✱	4	✱
–	1	✱	8
	2	0	0

h)

	✱	9	3
–	7	✱	2
		2	✱

6 Mammutzahlen
Übertrage ins Heft und rechne. Überprüfe mit dem Taschenrechner.

a) 98.765.432
– 85.643.211

b) 82.837.457
– 11.726.432

c) 99.999.899
– 88.888.888

Rauminhalte vergleichen

1

Erzähle.

2 Nun will Mira wissen, ob Ömers Tasse auch größer als ihr Glas ist.
Was stellt sie fest?

3 a) Sucht zwei verschiedene Becher, Tassen oder Gläser.
Schätzt zuerst: Wo passt mehr hinein?
Prüft dann wie Mira.
Habt ihr richtig geschätzt?

b) Sucht zwei andere Gefäße, zum Beispiel Schüsseln, Töpfe oder Eimer.
Schätzt zuerst und überprüft dann:
Wo passt mehr hinein?

4 Findest du Gefäße, in die gleich viel Flüssigkeit passt?
Woran kannst du das erkennen?

5 Die Kinder haben ihre Gläser und Becher der Größe nach geordnet. Nur Lenas Becher ist noch nicht eingeordnet.

Wie findet sie den richtigen Platz?

6 a) Sucht sechs verschiedene Becher, Tassen oder Gläser.
Vergleicht: Wo passt am meisten hinein?
Schätzt zuerst und ordnet die Gefäße nach eurer Schätzung.
Überprüft dann durch Umfüllen und schreibt die richtige Reihenfolge auf.

b) Sucht sechs verschiedene Töpfe und Schüsseln.
Schätzt: Wo passt am meisten hinein? Ordnet die Gefäße nach eurer Schätzung. Tauscht nun mit einer anderen Gruppe und überprüft durch Umfüllen: Haben eure Partner richtig geschätzt?

7 Welcher Becher mogelt am besten?

- Organisiert verschiedene Joghurtbecher.
- Schätzt zuerst: Wo passt am meisten hinein? Ordnet die Verpackungen nach eurer Schätzung und schreibt eure Reihenfolge auf.
- Überprüft nun durch Umfüllen und schreibt die richtige Reihenfolge auf.

Jetzt könnt ihr sagen, welcher Becher am besten gemogelt hat:
Bei welchem Becher habt ihr euch am meisten verschätzt? Warum?

Verschiedene Formen – unterschiedlicher Rauminhalt?

1 Wie können Ali und Dennis herausfinden, wo am meisten hineinpasst?

2 Sucht eine Tasse und verschiedene größere Becher.
Füllt in jeden Becher eine Tasse Wasser.

Vergleicht:
In welchem Becher ist der Wasserstand am höchsten?
In welchem Becher ist er am niedrigsten?

3 Sucht eine Kanne und verschiedene Töpfe, Pfannen und Ähnliches.
Füllt in jedes Gefäß eine Kanne Wasser.

a) Vergleicht:
In welchem Gefäß ist der Wasserstand am höchsten?
In welchem Gefäß ist er am niedrigsten?

★ b) Warum ist der Wasserstand bei diesen Gefäßen so unterschiedlich?

4 In welchem Gefäß ist mehr Wasser?

Begründe.

Rauminhalte messen

1 Probiert aus: Wie oft kann man eine Flasche Wasser in einen Eimer schütten, bis er voll ist?

2 Sucht verschiedene Eimer, große Schüsseln und Ähnliches.

Gefäß	Flaschen
kleiner Eimer	
Mülleimer	

a) Schätzt zuerst und überprüft dann:
Wie oft könnt ihr eine Flasche Wasser in die Gefäße schütten, bis sie voll sind?
Schreibt eure Ergebnisse auf.

b) Benutzt nun eine größere Flasche und überprüft:
Wie oft kann man diese Flasche in diese Gefäße schütten?
Schreibt eure Ergebnisse auf. Fällt euch etwas auf?

★ c) Überlegt: Wie wären die Ergebnisse bei einer kleineren Flasche?
Begründet.

Die Menge, die in ein Gefäß passt, nennt man Rauminhalt.

3 In Aufgabe 2 a) hast du eine Flasche benutzt, in die genau 1 Liter Wasser passt. Nun kannst du für die Gefäße den Rauminhalt in Litern aufschreiben.

kleiner Eimer: 5 Liter
Mülleimer: 10 Liter

Den Rauminhalt kann man in Litern messen.

2 Flaschen mit 1 l, 1,5 l und 0,5 l verwenden

Wiederholung Multiplikation

1 Die Kinder frühstücken gemeinsam. 8 Kinder sind in der Gruppe. Berechne, wie viele Lebensmittel sie für alle mitgebracht haben.

Sie haben:

$8 \cdot 2 =$ ☐ Brötchen
$8 \cdot 5 =$ ☐ Erdbeeren
$8 \cdot 4 =$ ☐ Käsescheiben

Jeder bekommt:

3 Radieschen $8 \cdot 3 =$ ☐
6 Apfelstücke $8 \cdot 6 =$ ☐
1 Ei $8 \cdot 1 =$ ☐

2 Die Kinder haben ihren Lehrer vergessen.
Wie viele Brötchen und wie viele Erdbeeren brauchen sie?
Berechne auch den Käse und die Radieschen.

3 Lisa hat Kirschen gekauft.
Sie hat für jedes Kind 9 Kirschen mitgebracht.
Wie viele Kirschen sind es insgesamt?

4 Der Lehrer soll auch Kirschen bekommen.
Auch er soll 9 Kirschen erhalten.
Wie viele Kirschen braucht Lisa insgesamt?

5 Paul hat 4 Tüten Saft mitgebracht. Mit jeder Tüte kann er 5 große Gläser füllen. Wie viele Gläser kann er einschütten?

6 Die Kinder lieben Kakao. In jede Kanne Milch hat Murat 6 Löffel Kakaopulver gegeben. Die Jungen trinken 3 Kannen und die Mädchen 2 Kannen Kakao.

7 Die Klasse 5 plant ein Picknick.
Jedes Kind soll 3 Frikadellen bekommen.
Es sind 19 Kinder und ein Lehrer.
Wie viele Frikadellen brauchen sie?

Wie rechnest du? Vergleiche mit deinem Partner.
Habt ihr das gleiche Ergebnis? Vergleicht eure Rechenwege.

8 In deiner Klasse wird ein Picknick geplant. Was werdet ihr mitnehmen?
Plant eure Speisen und Getränke. Erstellt dann die Einkaufsliste.

9 Im Supermarkt gibt es viele Angebote in Großpackungen.
Berechne, wie viele Einzelteile du bekommst.

a) 5 Pakete Büroklammern
8 Pakete Büroklammern
9 Pakete Büroklammern

b) 4 Pakete Hefte
9 Pakete Hefte
6 Pakete Hefte

c) 2 Pakete Kaugummis
6 Pakete Kaugummis
7 Pakete Kaugummis

d) 3 Pakete Stifte
7 Pakete Stifte
8 Pakete Stifte

10 Nutze das Einmaleins beim Rechnen.

a)	b)	c)	d)	e)	f)
3 · 4	5 · 2	3 · 6	4 · 4	2 · 7	8 · 4
3 · 40	5 · 20	3 · 60	4 · 40	2 · 70	8 · 40

11 Die Einmaleinsreihen bis 5 kannst du sicher, die ersten Zahlen der nächsten Reihen auch. Für die Reihen 6 bis 9 gibt es einen Rechentrick.

a) Übe den Trick mit:
6 · 9 6 · 8
6 · 7 7 · 7
8 · 8 9 · 9
6 · 6 8 · 6

b) Zeige deinem Partner fünf Aufgaben deiner Wahl.

7 · 8

Für jede Zahl brauchst du eine Faust.
Du zählst immer von 5 weiter.

Linke Hand 7: Nimm 2 Finger hoch.

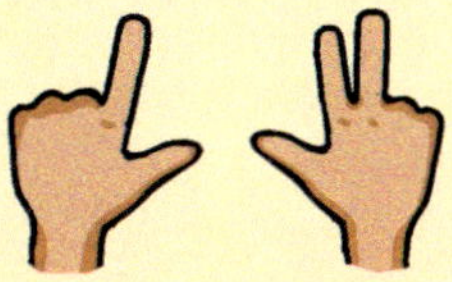

Rechte Hand 8: Nimm 3 Finger hoch.

Hohe Finger sind Zehner, addiere sie.
Gebeugte Finger sind Einer, multipliziere sie und zähle sie zu den Zehnern.

Halbschriftliche Multiplikation

Die Klasse 5 stellt eine Einkaufsliste zusammen.
Es sind 17 Personen, jede soll 2 Brötchen bekommen.

Die Aufgabe heißt:
17 mal 2

Ich teile die 17 auf:
17 ist 10 plus 7

Ich rechne nacheinander:
10 mal 2 gleich 20
7 mal 2 gleich 14

Ich zähle die Ergebnisse zusammen:
20 **plus** 14 **gleich** 34
Die 34 schreibe ich hinter die Aufgabe.

Dennis schreibt:

17 · 2

17 · 2
10
7

17 · 2
10 · 2 = 20
7 · 2 = 14

17 · 2 = 34
10 · 2 = 20
7 · 2 = 14

Es müssen 34 Brötchen gekauft werden.

1 Nimm dein Heft und rechne wie Dennis. Es sind 17 Personen.

a) Jede bekommt 3 Tomaten. b) Jede bekommt 5 Mandarinen.

2 Zerlege zunächst die erste Zahl. Rechne dann.

a)	b)	c)	d)	e)	f)
17 · 6	13 · 2	15 · 3	16 · 3	14 · 8	13 · 7
17 · 8	13 · 4	15 · 5	16 · 5	12 · 8	18 · 7
17 · 7	13 · 6	15 · 7	16 · 7	15 · 8	17 · 7
17 · 4	13 · 8	15 · 9	16 · 9	19 · 8	11 · 7

3 Wie zerlegst du diese Zahlen?

a) 24, 38, 46, 53 b) 74, 26, 31, 67 c) 82, 55, 43, 78

4 Zum Elternnachmittag kommen 28 Personen. Für jede soll eingekauft werden:

a) 2 Brötchen b) 4 Scheiben Wurst c) 3 Scheiben Käse d) 5 Tomaten

5 Zum Geburtstag lädt Ömer seine Familie ein. Es kommen 36 Personen.
Für jede Person hat Ömer 4 Lammkoteletts gekauft. Wie viele hat er gekauft?

6

a)	b)	c)	d)	e)	f)
15 · 3	12 · 4	14 · 6	17 · 8	25 · 6	43 · 7
16 · 3	12 · 5	24 · 6	27 · 8	52 · 6	34 · 7
18 · 3	12 · 7	34 · 6	17 · 9	25 · 9	43 · 8
19 · 3	12 · 8	54 · 6	27 · 9	52 · 9	34 · 8
17 · 3	12 · 9	74 · 6	27 · 4	25 · 8	43 · 9

7

a)	b)	c)	d)	e)	f)
35 · 6	24 · 3	14 · 3	71 · 7	63 · 3	18 · 8
36 · 6	24 · 5	48 · 4	73 · 7	21 · 9	27 · 7
38 · 6	24 · 7	34 · 3	72 · 9	45 · 9	36 · 6
39 · 6	24 · 8	54 · 4	76 · 9	13 · 3	45 · 5
37 · 6	24 · 9	74 · 3	78 · 9	30 · 6	54 · 4

8 Rechne im Kopf.

a)	b)	c)	d)	e)	f)
6 · 3	8 · 4	7 · 6	3 · 8	5 · 6	4 · 7
12 · 3	16 · 2	14 · 6	6 · 4	10 · 3	8 · 7
9 · 3	16 · 4	7 · 3	12 · 2	15 · 2	12 · 7
18 · 3	16 · 8	14 · 3	6 · 5	10 · 6	24 · 7
36 · 3	8 · 8	42 · 2	12 · 5	20 · 3	14 · 7

9 Zahlenrätsel

a) Du findest meine Zahl, wenn du 64 mit 8 malnimmst.

b) Meine Zahl ist das Doppelte von 79.

c) Meine Zahl ist das Fünffache von 45 und noch 9 dazu.

d) Wenn du von 800 das Dreifache von 24 abziehst, dann hast du meine Zahl.

e) Von 100 ziehe ich 7 mal 12 ab.

f) Deine Zahl ist dein Alter mit 5 malgenommen.

10 Rechne geschickt. Kannst du es im Kopf?

a)	b)	c)	d)	e)	f)
29 · 3	51 · 3	18 · 3	72 · 2	39 · 3	29 · 8
29 · 5	51 · 5	48 · 4	62 · 5	69 · 5	51 · 9
29 · 2	51 · 7	38 · 3	22 · 6	49 · 8	78 · 3
29 · 4	51 · 8	58 · 4	82 · 8	21 · 4	72 · 9

11 Jeder Tag hat 24 Stunden.

a) Wie viele Stunden haben 2 Tage?

b) Wie viele Stunden haben 7 Tage?

c) Wie viele Stunden haben 5 Tage?

Übung

1

a)	b)	c)	d)	e)	f)
12 · 3	18 · 4	36 · 8	36 · 8	32 · 9	59 · 6
14 · 3	28 · 4	18 · 6	72 · 4	29 · 3	33 · 7
16 · 3	48 · 4	29 · 5	18 · 4	39 · 2	19 · 5
22 · 3	68 · 4	17 · 7	36 · 2	15 · 9	51 · 9

2

a)	b)	c)	d)	e)	f)
27 · 5	37 · 9	95 · 2	19 · 6	32 · 3	65 · 5
33 · 5	67 · 9	82 · 6	91 · 6	32 · 6	97 · 9
85 · 5	57 · 9	53 · 5	15 · 4	19 · 2	34 · 7
47 · 5	27 · 9	47 · 7	51 · 4	19 · 7	43 · 8

3 Lisa und Lena backen. Sie haben ein Rezept für einen kleinen Schokokuchen.

Kleiner Schokokuchen
- 100 g Mehl
- 20 g Zucker
- 80 g Schokolade
- 40 g Margarine
- 40 g Saure Sahne
- 80 ml Milch
- 1 kleines Ei
- 1 Teel. Backpulver
- 2 Teel. Speisestärke
- 5 Teel. Kakaopulver
- 1 Prise Salz

a) Sie wollen 6 Kuchen backen. Wie viel brauchen sie von den einzelnen Zutaten?

b) Wie viel brauchen sie für 12 Kuchen? Gibt es einen schnellen Rechenweg?

c) Wie viele Kuchen wird deine Klasse backen müssen, wenn sich jeweils 4 Kinder einen Kuchen teilen?

d) Womit musst du alle Zutaten multiplizieren, um deiner Klasse die Kuchen zu backen?

Guten Appetit!

4 Lisa und Lena brauchen 1 000 g Schokolade. Wie viele Tafeln sollten sie kaufen?

100 g | 200 g | 75 g | 40 g | 300 g

a) Findet mindestens vier mögliche Lösungen.

b) Findet Lösungen mit möglichst vielen und möglichst wenigen Tafeln.

5 In einem Karton sind 16 Schokoküsse. Murat hat 15 Klassenkameraden. Er will jedem 2 Schokoküsse schenken. Wie viele Kartons kauft er?

6 In einer Packung sind 8 Müsli-Riegel. Die Lehrerin will jedem Kind gleich viele Riegel mitbringen. In ihrer Klasse sind 12 Kinder.

7 Finde die fehlenden Ziffern.

a) 12 · 3 = 3□ b) 13 · 4 = 5□ c) 14 · 3 = □2 d) 33 · 2 = 6□

e) 23 · 5 = 11□ f) 26 · 8 = □□8 g) 24 · 3 = 7□ h) 28 · 4 = 1□2

i) 34 · 7 = □□8 k) 42 · 6 = 25□ l) 39 · 7 = 2□3 m) 48 · 9 = □□2

8 Zahlen können eine Geschichte erzählen.

a) Lisa und Lena brauchen Hefte. Jedes Heft kostet 75 Cent.
Lisa kauft 4 Rechenhefte und 2 Schreibhefte.
Lena kauft 3 Rechenhefte.
Wie viel müssen sie zusammen bezahlen?

	4	+	2	=	6
	6	+	3	=	9
7	5	·	9		

b) Erfinde eine Rechengeschichte zu Kindern, die Schulsachen kaufen.

9 Geschichten können schwierig sein.

a) Paul und Ina tauschen.
Paul gibt Ina 5 Stifte zu je 60 Cent.
Er bekommt von Ina 3 Hefte zu je 95 Cent.
Ist das in Ordnung?

6	0	·	5		
9	5	·	3		

b) Erfinde eine schwierige Rechengeschichte zu Kindern, die Sachen tauschen.

Wähle aus: Fußball 18 €, T-Shirt 9 €, Buch 10 €, Taschenlampe 6 €, Kugelschreiber 3 €, Comic-Heft 5 €, DVD 9 €, Zirkel 5 €

10 Welche Zahl könnte passen? Probiere aus.

a) 144 = 24 · □ b) 162 = 27 · □ c) 216 = 24 · □

d) 136 = 34 · □ e) 128 = 16 · □ f) 168 = 24 · □

g) 114 = □ · 6 h) 136 = □ · 8 i) 95 = □ · 5

11 Paul knobelt gern. Heute wählt er die Ziffern 3, 8 und 9. Er bildet Aufgaben:

38 · 9 | 39 · 8 | 89 · 3 | 98 · 3 | 83 · 9 | 93 · 8

a) Rechne Pauls Aufgaben aus.

b) Nimm die Ziffern 4, 5 und 8. Bilde daraus möglichst viele Aufgaben.

c) Wähle drei Ziffern zwischen 1 und 9, bilde daraus Aufgaben.

d) Tausche mit deinem Partner die Aufgaben und rechne.

Schriftliche Multiplikation

Wir rechnen so:

Strich

$34 \cdot 2$

2 mal 4E gleich 8E

$34 \cdot 2$ → 8

2 mal 3Z gleich 6Z

$34 \cdot 2$ → 68

Strich

$42 \cdot 3$

3 mal 2E gleich 6E

$42 \cdot 3$ → 6

3 mal 4Z gleich 12Z

$42 \cdot 3$ → 126

1 Rechne genau nach dem Muster.

a)	b)	c)	d)	e)	f)
13 · 2	12 · 3	11 · 4	54 · 2	42 · 3	12 · 4
21 · 2	23 · 3	22 · 4	84 · 2	43 · 3	32 · 4
44 · 2	63 · 3	41 · 4	71 · 4	92 · 3	31 · 4
63 · 2	71 · 3	82 · 4	72 · 4	93 · 3	62 · 4

2 Scheue dich nicht vor großen Zahlen. Du kannst es bestimmt.

a)	b)	c)	d)	e)	f)
11 · 5	11 · 6	11 · 7	21 · 8	31 · 9	61 · 6
21 · 5	21 · 6	21 · 7	41 · 8	51 · 9	71 · 7
41 · 5	51 · 6	31 · 7	61 · 8	71 · 9	81 · 8
61 · 5	71 · 6	81 · 7	71 · 8	21 · 9	91 · 9

3

a)	b)	c)	d)	e)	f)
11 · 2	12 · 3	41 · 4	14 · 2	83 · 3	21 · 8
11 · 3	13 · 3	51 · 4	13 · 2	83 · 2	31 · 8
11 · 6	22 · 3	61 · 4	72 · 4	71 · 5	61 · 7
11 · 7	23 · 3	52 · 4	71 · 4	71 · 3	81 · 9
11 · 9	42 · 3	92 · 4	70 · 4	71 · 2	91 · 9

4

a)	b)	c)	d)	e)	f)
41 · 2	41 · 7	30 · 8	94 · 2	53 · 3	31 · 6
51 · 2	51 · 7	31 · 8	93 · 2	82 · 4	31 · 7
71 · 2	71 · 7	60 · 4	92 · 2	13 · 3	32 · 4
81 · 2	81 · 7	61 · 4	92 · 3	12 · 4	41 · 5
82 · 2	91 · 7	62 · 4	93 · 3	31 · 9	73 · 3

5 Welche Ziffer hat der Klecks zugedeckt?

a) 42 · 3 = 12*
b) 31 · 7 = 21*
c) 24 · 2 = *8
d) 23 · 3 = 6*

e) 63 · 2 = 1*6
f) 81 · 8 = 6*8
g) 52 · 4 = *08
h) 54 · 2 = *08

i) 71 · 6 = 4*6
k) 43 · 3 = *29
l) 91 · 7 = 6*7
m) 62 · 3 = 1*6

6 Die Klasse erhält 9 neue Logico-Bretter. Jedes Brett kostet 31 €.

7 14 Kinder erhalten ein Paket Schnellhefter. Es kostet 2 €.

8 12 Kinder brauchen einen neuen Zirkel. Ein Zirkel kostet 4 €.

9 Die Schule erhält 3 große Geodreiecke für die Tafel. Jedes kostet 42 €.

10 Die Schule erhält 52 neue Lesehefte. Jedes Heft kostet 3 €.

11 Im PC-Raum gibt es 6 neue Mäuse. Jede kostet 21 €.

12 Für die Musik-AG werden Gitarren gekauft. Jede kostet 82 €.
In der AG sind 4 Kinder. Ein Kind möchte nur singen.

13 Ein Mikrofon kostet 61 €. Die Schule will 5 Mikrofone kaufen.

Kinder und ihre Tiere

1 Tim hat zum Geburtstag seinen Hund Grismo bekommen.
In den Ferien geht Tim mit ihm zweimal täglich spazieren.

a) Von Montag bis Samstag geht Tim immer dieselbe Runde. Sie ist 6 Kilometer lang. Wie viele Kilometer läuft Tim in diesen Tagen insgesamt?

b) Am Sonntag geht Tim mit Grismo in den Wald. Jetzt läuft er doppelt so weit. Wie viele Kilometer sind es?

c) Zähle die Spazierwege in der Woche zusammen.

d) Wie viele Kilometer läuft Tim in den Osterferien?

2 Auch in der Schulzeit wird Grismo jeden Tag ausgeführt.
Tims Familie hilft mit. Für die Spaziergänge hängt ein Zeitplan in der Küche.

	MO	DI	MI	DO	FR	SA	SO
morgens	Tim 10 min	Lotte 15 min	Tim 10 min	Lotte 10 min	Mutter 15 min	Vater 10 min	Opa 45 min
mittags	Mutter 30 min	Tim 30 min	Mutter 30 min	Tim 30 min	Vater 30 min	Opa 40 min	Lotte 1 Stunde
abends	Opa 30 min	Mutter 30 min	Lotte 45 min	Vater 30 min	Tim 45 min	Lotte 20 min	Tim 40 min

Am Wochenende rechnet Tim aus:

a) Wie viele Minuten gehe ich selbst mit Grismo spazieren?

Ich:	
MO	10 min
DI	30 min
MI	10 min
DO	

b) Wie viele Minuten sind jeweils Lotte, Mutter, Vater und Opa mit Grismo unterwegs?

c) Wer von uns ist die längste Zeit mit Grismo unterwegs?

d) An welchem Wochentag geht Grismo am längsten spazieren?

3 Tim gibt Grismo abends Leckerli zu fressen. Eine Portion beträgt 90 Gramm.

a) Samstags bekommt Grismo eine doppelte Portion. Wie viel Gramm Leckerli bekommt er?

b) Wie viel Gramm Leckerli braucht Tim für Grismo in der ganzen Woche?

4

Mira hat ein Pflegepferd. Es heißt „Flicka" und ist eine Fuchsstute. Jeden Tag ist Mira bei Flicka.

a) Mira fährt mit ihrem Fahrrad 7 Kilometer bis zum Stall. Wie viele Kilometer fährt Mira insgesamt in der Woche?

b) Am Donnerstag kann Mira selbst ausreiten. Flicka läuft in der Stunde 12 Kilometer. Mira ist 2 Stunden mit ihr unterwegs.

c) Zwei Wochen im Jahr fährt die Besitzerin in Urlaub. Dann darf Mira jede Woche dreimal ausreiten. Wie viele Stunden sitzt sie jetzt im Sattel?

5 Mira muss für Flicka sorgen. Sie hat viele Aufgaben. In ihrem Zimmer hängt ein Arbeitsplan. Mira hat auch ihre Arbeitszeiten eingetragen.

	MO	DI	MI	DO	FR	SA	SO
striegeln	mittags 20 min	mittags 20 min	mittags 20 min	abends 30 min	mittags 20 min		morgens 40 min
Hufe		Auskratzen 20 min		Auskratzen 20 min		Fetten 30 min	Auskratzen 20 min
Mähne		Verziehen 15 min				Einflechten 1 Stunde	

Am Wochenende rechnet Mira aus:

a) An welchem Tag arbeite ich am längsten?

Dienstag:

	2	0	min
+	2	0	min
+	1	5	min

b) Wie viele Minuten kümmere ich mich in der Woche um das Fell, um die Hufe und um die Mähne?

c) Wie viele Minuten arbeite ich in der Woche?

d) Ich möchte dienstags auch den Schweif verlesen. Wie viel Zeit habe ich dafür, wenn ich 90 Minuten im Stall bin?

6 Mira bekommt auch Reitstunden. Eine Reitstunde kostet für Mira 18 €.

a) Sie hat montags und samstags je eine Reitstunde. Wie viel kostet das pro Woche?

b) Für die Pflege darf Mira donnerstags umsonst reiten. Wie viel müsste sie sonst pro Woche bezahlen?

c) Paula hat keine Zeit für ein Pflegepferd. Sie bezahlt 22 € pro Reitstunde. Sie reitet immer gemeinsam mit Mira.

Der Kalender

1 Erzähle.

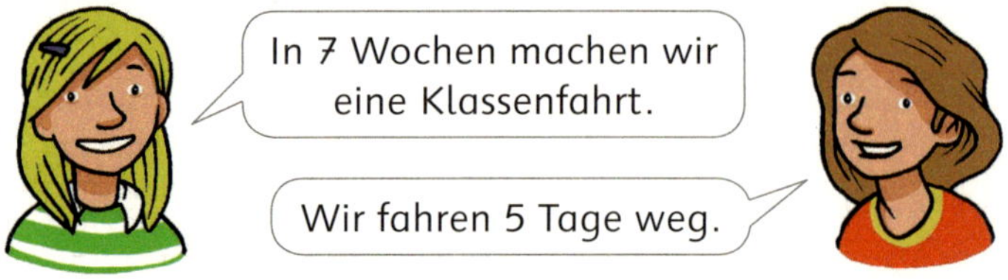

Mai

Mo		7	14	21	28
Di	1	8	15	22	29
Mi	2	9	16	23	30
Do	3	10	17	24	31
Fr	4	11	18	25	
Sa	5	12	19	26	
So	6	13	20	27	

Juni

Mo		4	11	18	25
Di		5	12	19	26
Mi		6	13	20	27
Do		7	14	21	28
Fr	1	8	15	22	29
Sa	2	9	16	23	30
So	3	10	17	24	

2 Schau im Kalender nach.

a) Welcher Wochentag ist das?
10.5. 23.5. 6.6. 19.6. 30.6.

b) Nenne zu jedem Sonntag im Mai und im Juni das Datum.

3 Ömer hat am 13.11. Geburtstag.

November

Mo		5	12	19	26
Di		6	13	20	27
Mi		7	14	21	28
Do	1	8	15	22	29
Fr	2	9	16	23	30
Sa	3	10	17	24	31
So	4	11	18	25	

a) Er möchte am folgenden Samstag mit seinen Freunden feiern. Welches Datum muss er in die Einladung schreiben?

b) Mit seiner Familie feiert er am letzten Sonntag im November. Welches Datum steht in der Einladung?

4 Die Sommerferien beginnen am 16.7.
Das neue Schuljahr beginnt 6 Wochen später.
Welches Datum ist an dem Tag?

Juli

Mo		2	9	16	23	30
Di		3	10	17	24	31
Mi		4	11	18	25	
Do		5	12	19	26	
Fr		6	13	20	27	
Sa		7	14	21	28	
So	1	8	15	22	29	

August

Mo		6	13	20	27
Di		7	14	21	28
Mi	1	8	15	22	29
Do	2	9	16	23	
Fr	3	10	17	24	
Sa	4	11	18	25	
So	5	12	19	26	

Arbeite mit einem Kalender.

5 Welches Datum ist heute? Welches Datum ist dann …

a) in 3 Tagen,
in 1 Woche,
in 3 Wochen,

b) in 2 Wochen 3 Tagen,
in 3 Wochen 5 Tagen,
in einem Monat,

c) in 5 Monaten,
in 2 Monaten 2 Wochen,
in 3 Monaten 11 Tagen?

6 Übertrage ins Heft und ergänze.

a)

	1 Woche später	2 Wochen später
5.1.		
13.10.		
9.8.		
★ 19.3.		

b)

	2 Monate später	5 Monate später
24.2.		
6.7.		
15.4.		
★ 8.10.		

7 Paul und seine Eltern machen 3 Wochen Campingurlaub an der Ostsee.
Mona fährt mit ihren Großeltern für 20 Tage in die Berge.
Wer ist länger unterwegs?

1 Woche = 7 Tage

8 a) Schreibe in Tagen.

2 Wochen	5 Wochen	10 Wochen	18 Wochen
3 Wochen 4 Tage	6 Wochen 2 Tage	4 Wochen 2 Tage	20 Wochen

b) Schreibe in Wochen.

21 Tage   49 Tage   63 Tage   35 Tage   56 Tage

9 Nutze einen Kalender.

a) Wie viele Tage hat ein Jahr? Wie viele Wochen sind das?

b) Wie viele Tage haben 2 Jahre? Wie viele Wochen sind das?

10 Schätze zuerst und zähle dann mit einem Schülerkalender.

a) Wie viele Schultage hast du in diesem Schuljahr?
Wie viele Wochen sind das?

b) Wie viele Ferientage hast du in diesem Schuljahr?
Wie viele Wochen sind das?

1 Jahr = 12 Monate

11 Frau Müller hat vor 8 Monaten ein Baby bekommen.

a) Wie viele Monate dauert es noch bis zum ersten Geburtstag?

b) Wenn das Kind 3 Jahre alt ist, will Frau Müller wieder arbeiten.
Wie viele Monate sind es noch bis dahin?

12 Schreibe in Monaten.

3 Jahre   6 Jahre   2 Jahre 4 Monate   4 Jahre 8 Monate

13 Wie alt bist du heute? Bestimme genau Jahre, Monate und Tage.

14 Der Mond braucht 28 Tage, um die Erde zu umkreisen.

a) Wie viele Wochen sind das?

b) Wie oft im Jahr umkreist der Mond die Erde?

Die Uhrzeit

1 Zeit kann man mit unterschiedlichen Uhren messen.

a) Ordne die Begriffe zu: Sanduhr, Stoppuhr, Armbanduhr, Wanduhr.

b) Wofür verwendest du diese Uhren? Kennst du noch andere Uhren?

2 Stelle die Uhrzeiten auf der Lernuhr ein.
Lies beide Zeiten ab: vormittags und nachmittags.

a) 
b) 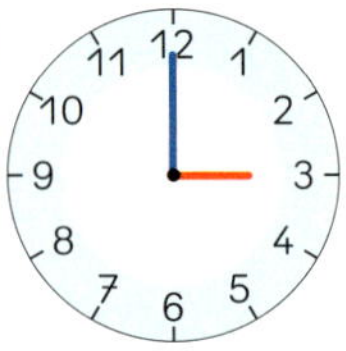
c) 
d) 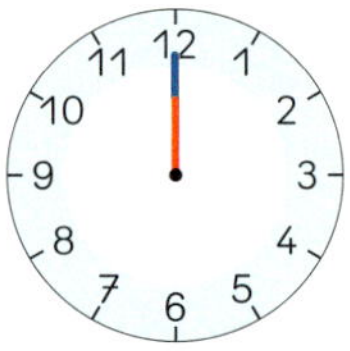
e) 

3 Stelle die Uhrzeiten auf der Lernuhr ein.

a) 14:00 b) 17:00 c) 23:00 d) 21:00 e) 9:00

4 Welche Uhren gehören zusammen?

A 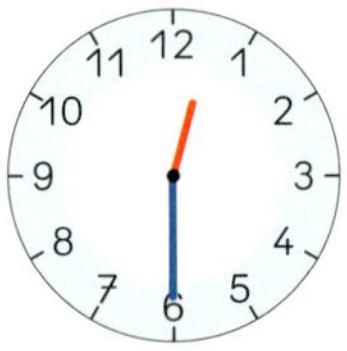
B 
C 
D 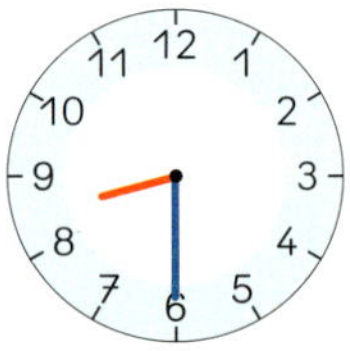
E 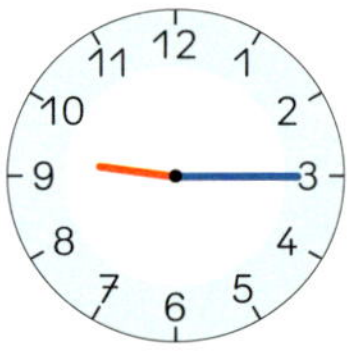

1 8:30 2 21:15 3 14:15 4 0:30 5 10:45

5 Wir basteln eine Sanduhr

Ihr braucht: 2 kleine Plastikflaschen, Klebeband, Vogelsand

Bohrt in beide Flaschendeckel ein kleines Loch. Füllt eine Flasche zur Hälfte mit Sand und schraubt beide Flaschen fest zu. Stellt beide Flaschen aufeinander und klebt die Deckel mit Klebeband fest zusammen. Stoppt die Zeit, die der Sand für einen Durchlauf benötigt.

6 Schau genau hin: Wo steht der große Zeiger?

Stelle die Uhrzeiten ein.

a)	b)	c)
2:30 Uhr	6:15 Uhr	4:45 Uhr
10:30 Uhr	5:15 Uhr	1:45 Uhr
17:30 Uhr	22:15 Uhr	18:45 Uhr
21:30 Uhr	19:15 Uhr	23:45 Uhr
halb 4	Viertel nach 8	Viertel vor 3
halb 12	Viertel nach 4	Viertel vor 5

7 Stelle die Uhrzeiten auf der Lernuhr ein.
Lies beide Zeiten ab: vormittags und nachmittags.

a) 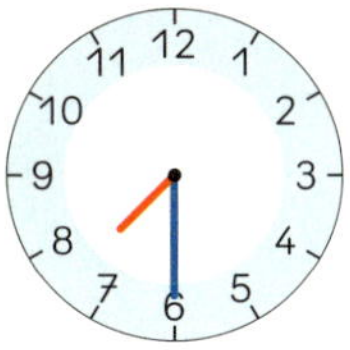
b) 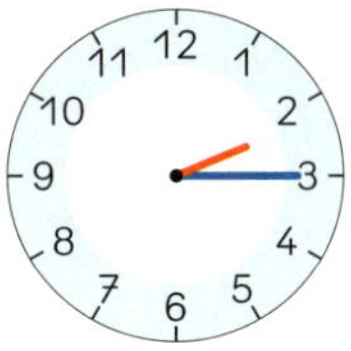
c) 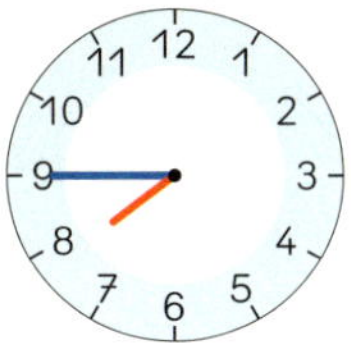
d) 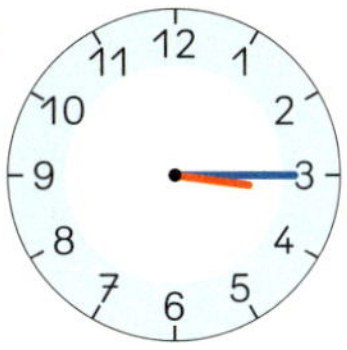
e) 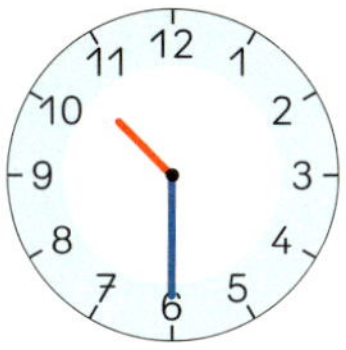

8 Ordne die Uhren richtig zu.

A Es ist halb 5.
B Es ist Viertel nach 6.
C Es ist Viertel vor 8.
D Es ist halb 12.
E Es ist Viertel nach 8.

1 7:45
2 11:30
3 4:30
4 6:15
5 8:15

Wie spät ist es genau?

1 Wie spät ist es? Begründe.

Der kleine Zeiger zeigt die Stunden.

Der große Zeiger zeigt die Minuten.

Von einem großen Strich zum nächsten zähle ich in Fünferschritten.

2 Welche Uhren gehören zusammen?

A  B  C  D  E 

1 1:10   2 8:20   3 3:40   4 6:55   5 11:35

3 Wie spät ist es? Lies auf die Minute genau ab.
Lies beide Zeiten ab: vormittags und nachmittags.

a)  b)  c)  d)  e) 

4 Stelle die Uhrzeiten auf der Lernuhr ein.

a) 3:20 Uhr 7:50 Uhr 10:35 Uhr 8:40 Uhr 6:15 Uhr

b) 14:55 Uhr 17:10 Uhr 23:30 Uhr 16:45 Uhr 19:25 Uhr

c) 13:15 Uhr 9:40 Uhr 18:25 Uhr 0:20 Uhr 23:55 Uhr

5 Wie spät ist es? Begründe.

Von einem kleinen Strich zum nächsten zähle ich in Einerschritten.

6 Wie viele Minuten nach 9 Uhr zeigt die Uhr an?

a)  b)  c)  d)  e) 

7 Welche Uhren gehören zusammen?

A  B  C  D  E 

1 8:58 2 12:39 3 2:17 4 10:23 5 6:41

8 Wie spät ist es? Lies auf die Minute genau ab.

a)  b)  c)  d)  e) 

9 Stelle die Uhrzeiten auf der Lernuhr ein.

a) 2:37 Uhr 8:13 Uhr 10:49 Uhr 1:52 Uhr 4:04 Uhr

b) 13:24 Uhr 21:32 Uhr 15:47 Uhr 20:18 Uhr 22:06 Uhr

Stunden und Minuten

1 Erzähle.

1 Stunde = 60 Minuten
1 h = 60 min

2 Schreibe in min: 2 h   5 h   10 h   3 h   8 h   16 h

2 · 6 0 min =

3 Schreibe in min.

a) 1 h 30 min   1 h 10 min   1 h 50 min   1 h 20 min   1 h 40 min

★ b) 2 h 10 min   2 h 40 min   3 h 20 min   3 h 50 min   4 h 30 min

4 Schreibe in min. Vergleiche. >, < oder =?

a)			b)			c)		
1 h	●	80 min	100 min	●	2 h	3 h	●	200 min
40 min	●	1 h	2 h	●	200 min	300 min	●	5 h
60 min	●	1 h	150 min	●	2 h	4 h	●	250 min

5 Ömer geht jeden Dienstag 1 Stunde zum Fußballtraining. Nach einigen Ballübungen machen die Jungen heute ein Übungsspiel.
Wie viele Minuten haben sie dafür noch Zeit?

6 Wie viele Minuten fehlen bis zur vollen Stunde? Ergänze.

2 0 min + 4 0 min = 6 0 min

a) 20 min   35 min   50 min   5 min   45 min

b) 18 min   41 min   26 min   3 min   52 min

c) Finde selbst Aufgaben.

Von 20 Minuten bis 60 Minuten fehlen …

Minuten und Sekunden

1 Die Kinder der Klasse 5c laufen heute eine Stadionrunde. Bei Fatima wurde eine Zeit von 110 Sekunden gemessen. Tim hat 2 Minuten gebraucht. Wer war schneller?

> 1 Minute = 60 Sekunden
> 1 min = 60 s

2 Schreibe in s: 3 min 7 min 10 min 15 min 9 min

3 · 60 s =

3 Schreibe in s.

a) 1 min 20 s 1 min 50 s 1 min 35 s 1 min 15 s

b) 2 min 10 s 2 min 40 s 2 min 25 s 2 min 55 s

1 min 20 s
1 min = 60 s
60 s + 20 s = 80 s

4 Schreibe in Sekunden. Ordne.

a) Beginne mit der kürzesten Zeitspanne.

100 s | 2 min | 1 min | 30 s | 3 min

b) Beginne mit der längsten Zeitspanne.

500 s | 8 min | 400 s | 600 s | 9 min

5 Dennis und Ömer wetten: Schafft es Ömer, eine Minute lang ohne Unterbrechung auf der Flöte zu spielen? Nach 40 Sekunden atmet Ömer wieder ein. Wie viele Sekunden haben gefehlt?

6 Wie viele Sekunden fehlen bis zur vollen Minute? Ergänze.

10 s + 50 s = 60 s

a) 10 s 55 s 40 s 25 s 15 s 30 s

b) 13 s 38 s 56 s 9 s 47 s 22 s

c) Finde selbst Aufgaben.

Von 10 Sekunden bis 60 Sekunden fehlen …

Zeitpunkte

1 Wann kommen die Züge an?

a) 

b) 

2 a) Rechne 2 Stunden dazu: 4:10 Uhr 21:30 Uhr 8:49 Uhr 15:03 Uhr

b) Rechne 6 Stunden dazu: 9:20 Uhr 13:50 Uhr 5:31 Uhr 16:17 Uhr

3 a) Rechne 20 Minuten dazu: 7:30 Uhr 12:15 Uhr 20:08 Uhr 3:27 Uhr

b) Rechne 8 Minuten dazu: 9:40 Uhr 17:11 Uhr 22:35 Uhr 6:09 Uhr

4 Paul geht jeden Morgen um 7:25 Uhr aus dem Haus.
Er braucht genau 17 Minuten für den Weg zur Schule.

a) Wann kommt er in der Schule an?

b) Gestern hat er Dennis getroffen und deshalb 5 Minuten länger gebraucht.
Wann kamen die beiden Jungen in der Schule an?

5 Murat telefoniert jeden Freitag mit seiner Oma in der Türkei. Heute ruft er um 17:40 Uhr an. Wegen der Zeitverschiebung ist es dort schon eine Stunde später. Welche Zeit zeigt die Uhr bei der Oma, als das Telefon klingelt?

6 ★ Paul und Ömer wollen den Film „Der Cop" sehen.
Lisa und Lena gehen lieber in den Film „Die Erde".

a) Wann kommen die Jungen aus dem Kino?

b) Wann kommen die Mädchen aus dem Kino?

7 a) Rechne 1 Stunde und 20 Minuten dazu.
9:30 Uhr 12:10 Uhr 21:25 Uhr 7:04 Uhr

b) Rechne 4 Stunden und 15 Minuten dazu.
8:40 Uhr 16:05 Uhr 10:33 Uhr 19:27 Uhr

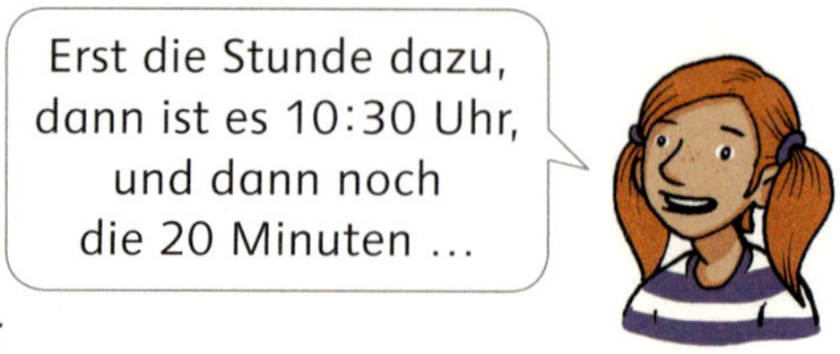

8 Dennis will mit seinen Eltern im Stadtzentrum einkaufen. Seine Mutter holt einen Parkschein für 30 Minuten.

Wann hat sie den Parkschein geholt?

9 a) Rechne 10 Minuten zurück: 9:40 Uhr 14:35 Uhr 21:27 Uhr 7:53 Uhr

b) Rechne 7 Minuten zurück: 8:19 Uhr 12:54 Uhr 23:31 Uhr 6:48 Uhr

10 a) Rechne 3 Stunden zurück.
17:20 Uhr 22:45 Uhr 8:39 Uhr 5:16 Uhr 19:07 Uhr 7:24 Uhr

★ b) Rechne 1 Stunde und 10 Minuten zurück.
10:30 Uhr 3:25 Uhr 23:57 Uhr 7:42 Uhr 18:29 Uhr 9:51 Uhr

11 Mona und Fatima wollen sich um 15:30 Uhr am Reiterhof treffen.
Mona braucht mit dem Bus 1 Stunde für den Weg. Fatima läuft 25 Minuten.

a) Wann fährt Mona los?

b) Wann geht Fatima zu Hause los?

12 Lena und Lisa brauchen 20 Minuten für den Schulweg.

a) Am Dienstag haben die Mädchen um 13:15 Uhr Unterrichtsschluss. Wann kommen sie zuhause an?

b) Am Mittwoch kommen Lena und Lisa um 14:50 Uhr zuhause an. Wann hatten sie Unterrichtsschluss?

13 Übertrage ins Heft und ergänze.

a)

Beginn	Dauer	Ende
7:24 Uhr	20 min	
14:06 Uhr	49 min	
8:15 Uhr	6 h	
7:42 Uhr	4 h	
★ 20:10 Uhr	2 h 15 min	

b)

Beginn	Dauer	Ende
	30 min	10:45 Uhr
	20 min	21:57 Uhr
	4 h	16:30 Uhr
	7 h	8:12 Uhr
★	3 h 20 min	17:50 Uhr

Zeitdauer

1 Erzähle.

2 Wie viel Zeit braucht man, um von deiner Schule aus in den nächsten Zoo zu fahren? Schätze zuerst und informiere dich dann.

3 Suche deine beiden Lieblingslieder heraus. Schätze zuerst und prüfe dann mit der Stoppuhr.

a) Wie lang ist jedes Lied?

b) Wie lange dauert es, wenn du beide Lieder hintereinander abspielst?

4 Wie lange dauert es, bis diese Gegenstände den Fußboden berühren: ein Blatt Papier, eine Feder, ein Taschentuch? Schätzt zuerst und stoppt dann die Zeit.

5 Wie verbringst du deine Zeit? Übertrage ins Heft und ergänze.

a) Schätze, wie viel Zeit du pro Tag mit diesen Tätigkeiten verbringst.

b) Beobachte nun eine Woche genau.

c) Womit verbringt ihr die meiste Zeit? Sprecht über eure Ergebnisse.

	Mo	Di	Mi	Do	Fr	Sa	So
schlafen							
Schule							
spielen							
mit Freunden							
fernsehen							
Sport							

6 Der große Zeiger hat sich bewegt. Wie viele Minuten sind vergangen?

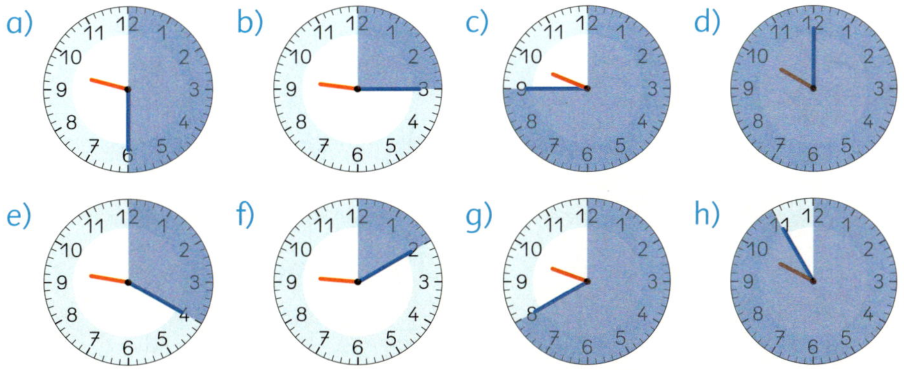

Von einem großen Strich zum nächsten vergehen 5 Minuten.

7 Übertrage ins Heft und ergänze.

a)

Beginn	Dauer	Ende
5:20 Uhr		5:50 Uhr
20:15 Uhr		20:45 Uhr
13:30 Uhr		13:55 Uhr
18:05 Uhr		18:40 Uhr

b)

Beginn	Dauer	Ende
12:15 Uhr		12:48 Uhr
9:46 Uhr		9:57 Uhr
8:29 Uhr		8:36 Uhr
15:34 Uhr		15:51 Uhr

8 Paul hat um 15:10 Uhr einen Termin beim Zahnarzt. Da noch einige Patienten vor ihm behandelt werden, wird er erst um 15:40 Uhr in das Sprechzimmer gerufen. Er verlässt die Praxis um 15:55 Uhr.
Wie viele Minuten saß Paul im Wartezimmer?
Wie lange dauerte die Behandlung?

9 Lisa und Lena backen einen Kuchen. Sie stellen die Backform um 16:05 Uhr in den Backofen. Um 16:50 Uhr klingelt der Kurzzeitwecker, weil der Kuchen fertig ist. Wie lange war er im Ofen?

10 In Miras Schule findet am Samstag ein Schulfest statt. Es soll 15:00 Uhr mit einem gemeinsamen Singen beginnen. Zum Abschluss um 18:00 Uhr lassen alle Kinder Luftballons steigen.
Wie lange haben die Kinder für die Vorbereitung gebraucht?

11 Mona und Ömer treffen sich um 17:25 Uhr zum gemeinsamen Spielen. Sie haben Monas Mutter versprochen, höchstens 1 Stunde vor dem Computer zu sitzen.
Haben sie ihr Versprechen gehalten?

Wann fährt der Bus?

BUS **200** **S+U Alexanderplatz Bhf (Berlin) ▸ S+U Zoologischer Garten Bhf (Berlin)**

🕓	Montag – Freitag	Samstag	Sonntag
04	54		
05	14 34 54	34 54	
06	14 34 54	14 34 54	54
07	14 34 54	14 34 54	14 34 54
08	04 14 24 34 44 54	14 34 54	14 34 54
09	04 14 24 34 44 54	04 14 24 34 44 54	14 34 54
10	04 14 24 34 44 54	04 14 24 34 44 54	04 14 24 34 44 54
11	04 14 24 34 44 54	04 14 24 34 44 54	04 14 24 34 44 54
12	04 14 24 34 44 54	04 14 24 34 44 54	04 14 24 34 44 54
13	04 14 24 34 44 54	04 14 24 34 44 54	04 14 24 34 44 54
14	04 14 24 34 44 54	04 14 24 34 44 54	04 14 24 34 44 54
15	04 14 24 34 44 54	04 14 24 34 44 54	04 14 24 34 44 54
16	04 14 24 34 44 54	04 14 24 34 44 54	04 14 24 34 44 54
17	04 14 24 34 44 54	04 14 24 34 44 54	04 14 24 34 44 54
18	04 14 24 34 44 54	04 14 24 34 44 54	04 14 24 34 44 54
19	04 14 24 34 44 54	04 14 24 34 44 54	04 14 24 34 44 54
20	04 14 24 34 44 54	04 14 24 34 44 54	04 14 24 34 44 54
21	04 14 24 34 44 54	04 14 24 34 44 54	04 14 24 34 44 54
22	04 14 24 34 54	04 14 24 34 54	04 14 24 34 54
23	14 34 54	14 34 54	14 34 54
00	14 34	14 34	14 34

1 a) An welcher Haltestelle hängt dieser Fahrplan?

b) Wohin fährt dieser Bus?

c) Zu welcher Buslinie gehört dieser Fahrplan?

Im Plan sind vorn die Stunden eingetragen.

Und unter den Wochentagen kann man die Minuten ablesen.

Also fährt der erste Bus um 4:54 Uhr.

2 a) Wann fährt am Samstagmorgen der erste Bus?

b) Wann fährt am Sonntagmorgen der erste Bus?

3 a) Wie viele Busse fahren montags zwischen 8 Uhr und 9 Uhr? Wann genau fahren die Busse? Schreibe auf.

b) Wie viele Busse fahren sonntags zwischen 8 Uhr und 9 Uhr? Wann genau fahren die Busse? Schreibe auf.

c) Finde selbst Aufgaben.

montags zwischen
8 und 9 Uhr:
8 : 0 4 Uhr
8 : 1 4 Uhr

4 a) Paul steht am Montag um 13:00 Uhr an der Haltestelle.
Wann kommt der nächste Bus? Wie lange wartet Paul?

b) Ömer und seine Eltern stehen am Sonntag um 21:30 Uhr an der Haltestelle.
Wann kommt ihr Bus. Wie lange müssen sie warten?

c) Finde selbst ähnliche Aufgaben.

5 Murat kommt am Dienstag um 6:14 Uhr an die Haltestelle. Der Bus fährt ihm aber vor der Nase weg. Wie lange muss er auf den nächsten Bus warten?

6

Haltestelle	Fahrzeit ab Alexanderplatz
Staatsoper	5 min
Unter den Linden/Friedrichstr.	7 min
S+U Potsdamer Platz	13 min
Philharmonie	17 min
Nordische Botschaften/Adenauer-Stiftung	21 min
S+U Zoologischer Garten	27 min

Fatima, Ole und Tim steigen 14:14 Uhr in den Bus. Ole steigt an der Haltestelle Unter den Linden/Friedrichstr. aus. Fatima fährt bis zum Potsdamer Platz und Tim bis zur Endhaltestelle. Berechne für die drei Kinder die Ankunftszeit.

7 Dennis will mit seinen Eltern Berlin anschauen. Sie steigen um 10:14 Uhr am Alexanderplatz in den Bus. An der Staatsoper steigen sie aus. Sie schauen sich die Staatsoper und andere Gebäude an.

a) Wann steigen sie an der Staatsoper aus?

b) Danach steigen sie um 12:19 Uhr wieder in den Bus.
Wie lange waren sie an der Staatsoper?

c) Wie viele Minuten brauchen sie für die Fahrt von der Staatsoper zur Philharmonie?

d) Wann kommen sie dort an?

e) Wann sollten sie an der Philharmonie weiterfahren, wenn sie um 14:30 Uhr am Zoologischen Garten sein wollen?

Ich rechne erst die Fahrzeit zurück und schaue dann im Fahrplan nach dem richtigen Bus.

8 Mona und Lisa wollen sich am Samstag um 19:30 Uhr an der Staatsoper treffen. Wann muss Lisa am Alexanderplatz in den Bus steigen, um pünktlich zu sein?

Umfänge erforschen

1 Der Schulhof ist mit großen bunten Formen bemalt. Heute wollen die Kinder der Klasse 5 b erforschen, wie groß die Umfänge sind.

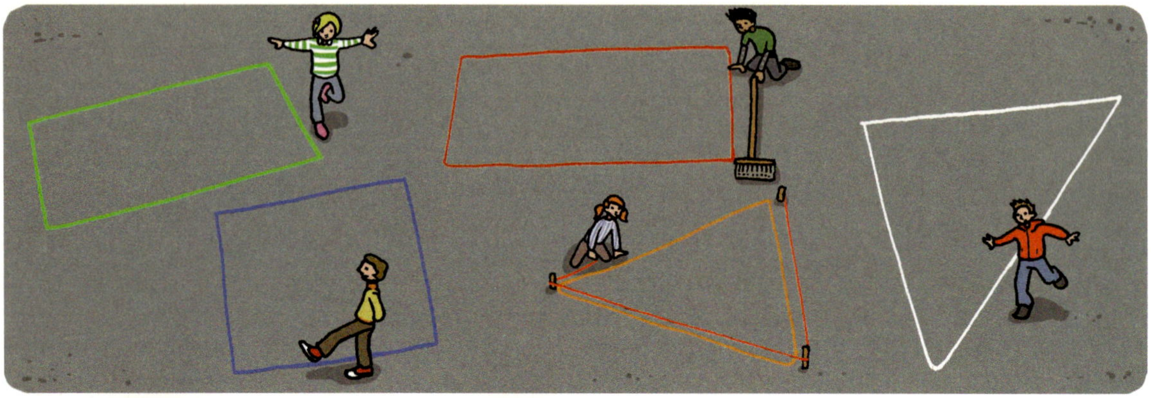

a) Wie haben die Forscher den Umfang ausgemessen?

b) Vergleicht ihre Ergebnisse. Was stellt ihr fest?

2 Jetzt seid ihr dran. Sucht Gegenstände im Klassenraum, deren Umfang ihr ausmessen könnt.

a) Benutzt zum Abmessen Zehnerstangen, Zahnstocher, Streichhölzer oder andere gleich lange Stäbchen.

b) Ordnet die Gegenstände nach der Größe des Umfangs.

3 Anna möchte genau wissen, wie groß der Umfang ihres Matheheftes ist.
Sie hat eine Idee. Erzähle.

4 Forscht wie Anna.

a) Messt die Umfänge verschiedener Gegenstände mit Bindfaden und Lineal aus.

b) Notiert eure Ergebnisse in einer Tabelle.

Gegenstand	Umfang
Federmappe	78 cm
Matheheft	
...	

5 Umfänge am Körper messen

a) Mit einem Maßband könnt ihr auch euren Körper ausmessen und Umfänge herausfinden.
An diesen Stellen könnt ihr gut messen:
Kopf, Oberarm, Handgelenk, Wade.

b) Notiert eure Ergebnisse und vergleicht:
Wer hat den größten „Dickkopf"?

Name	Kopf	Oberarm	Handgelenk	Wade
Mira				
Ole				
...				

c) Wer hat den kräftigsten Arm?
TIPP: Spannt beim Messen eure Muskeln an!

d) Wo könnt ihr noch messen?

Umfänge bestimmen

1 Dennis und Tim haben aus Papier verschiedene Rechtecke gefaltet.
Mit dem Lineal messen sie alle Seiten aus und bestimmen den Umfang.

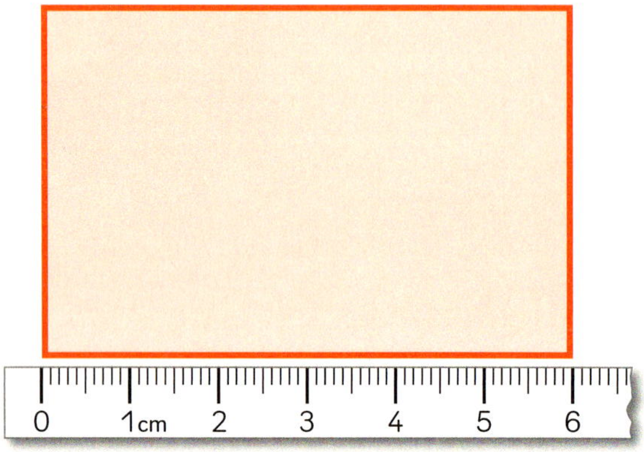

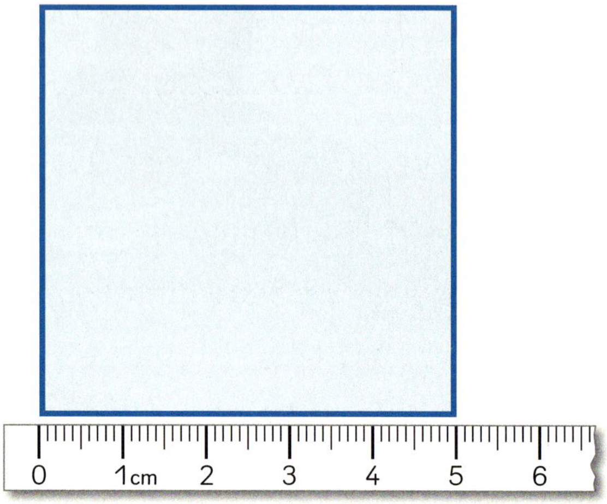

a) Wie können Dennis und Tim den Umfang bestimmen? Was müssen sie rechnen?

b) Wie könnte die Rechenaufgabe für das Rechteck heißen?

c) Wie könnte die Rechenaufgabe für das Quadrat heißen?

d) Präsentiert eure Ergebnisse an der Tafel.

2

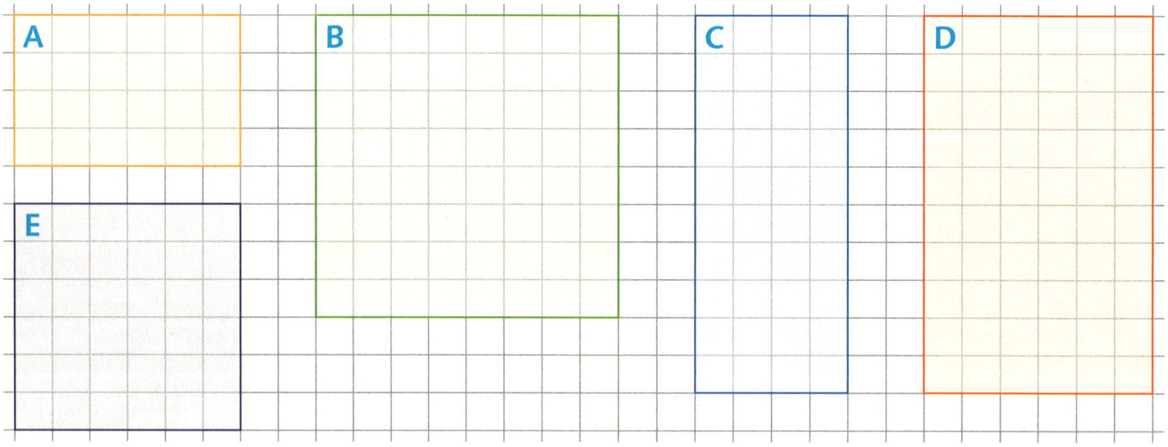

Mira hat mit dem Lineal das Rechteck A ausgemessen. Sie rechnet:

3 cm + 2 cm + 3 cm + 2 cm = 10 cm
Das Rechteck hat einen Umfang von 10 cm.

a) Miss alle Formen aus und rechne im Kopf.

b) Schreibe die Aufgaben und Lösungen in dein Heft.

2 auch mit dem Geodreieck kann gemessen werden

3

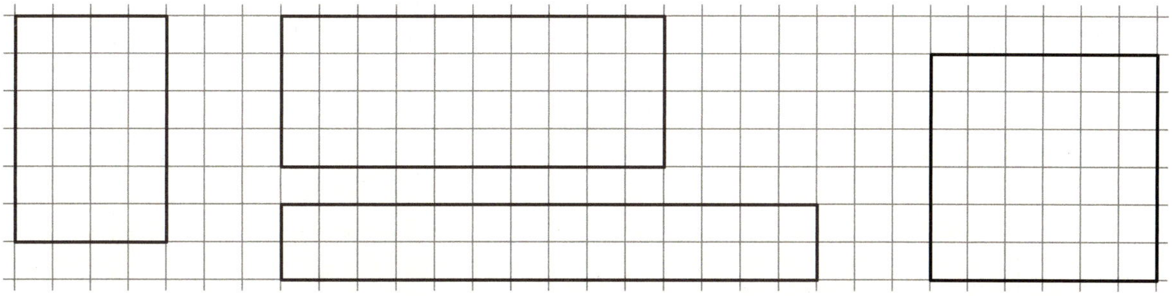

Zeichne mit dem Lineal vier verschiedene Rechtecke auf Rechenpapier.

a) Tausche mit deinem Partner.

b) Bestimme die Seitenlängen mit einem Lineal und berechne den Umfang.

c) Präsentiert eure Ergebnisse.

Den Umfang einer Form bestimmst du, indem du alle Seitenlängen addierst.

Auch hiermit kannst du messen:

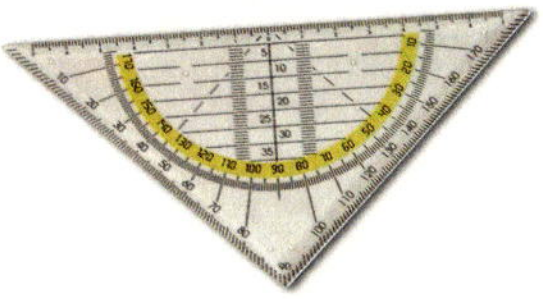
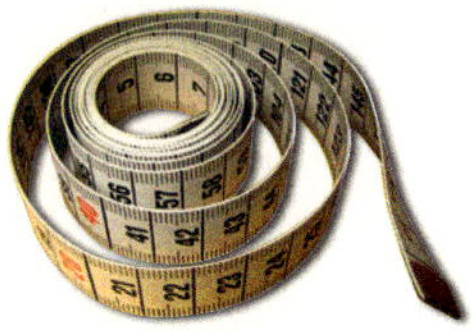

4 Im Klassenraum findet ihr noch weitere Gegenstände, deren Umfang ihr bestimmen könnt. Schätzt zuerst, wie groß der Umfang sein könnte.
Messt dann genau mit Bindfaden und Lineal.
Tragt eure Ergebnisse in eine Tabelle ein und vergleicht sie untereinander.

Gegenstand	geschätzt	gemessen
Streichholzschachtel	6 cm	9 cm
Bild	30 cm	44 cm
…		

5 In der Schule messen

a) Sucht in der Schule oder auf dem Schulhof große Gegenstände, deren Umfang ihr berechnen könnt.

b) Schätzt zuerst, wie groß der Umfang sein könnte.

c) Dann messt mit einem passenden Hilfsmittel.

d) Schreibt eure Ergebnisse auf und präsentiert sie.

e) Wer hat den Gegenstand mit dem größten Umfang gefunden?

Körper

1 Welche dieser Gegenstände sind Quader, Würfel, Kugeln, Zylinder? Begründe deine Antwort.

2 Finde weitere Beispiele.

3 Welcher dieser Gegenstände ist ein Quader, ein Würfel, eine Kugel, ein Zylinder?

a)

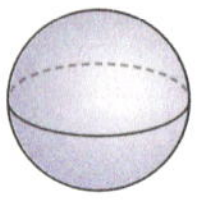

b)

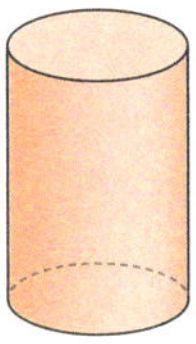

c)

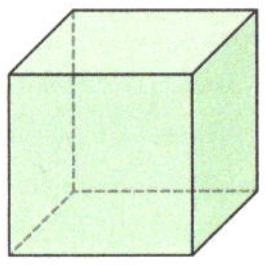

d)

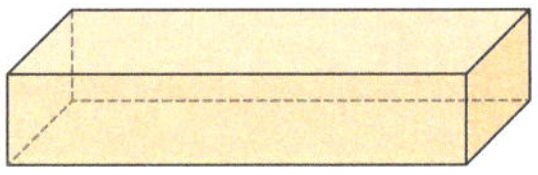

4 Mini-Werkstatt: Kunstwerke bauen

Stellt selbst Quader, Würfel, Zylinder und Kugeln her.
Baut aus ihnen ein Kunstwerk.

5 Fläche – Kante – Ecke

Fläche

Kante

Ecke

a) Übertrage die Tabelle in dein Heft. Zähle und ergänze.

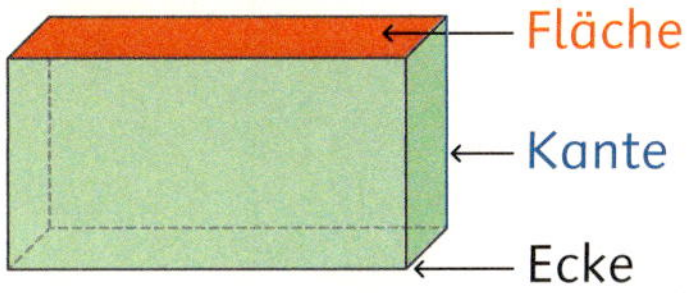

	Quader	Würfel	Zylinder
Flächen			
Kanten			
Ecken			

b) Warum fehlt die Kugel in der Tabelle?

6 Grundfläche: Bei diesen Körpern ist die Grundfläche gelb eingezeichnet.

Die Fläche, auf der ein Körper steht, heißt Grundfläche.

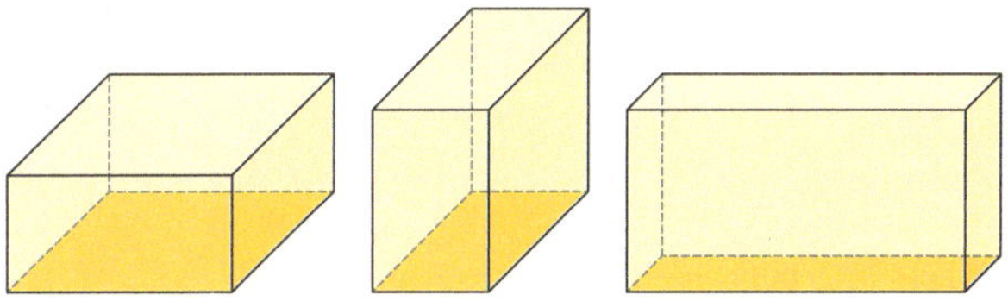

Was fällt dir auf?

7 Untersuche weitere Körper. Was fällt dir auf?

8 Welche Grundfläche gehört zu welchem Körper?

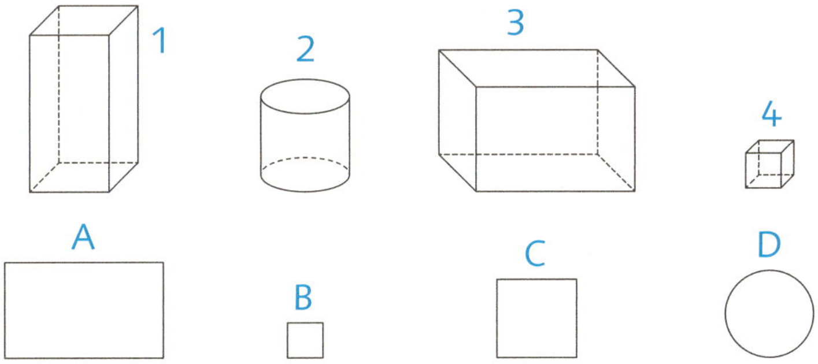

9 Mini-Werkstatt: Zeichne die Grundflächen verschiedener Körper mit einem Bleistift nach. Was stellst du fest?

Wiederholung Division

1

a) Wie können die Kinder …
die Mandarinen gerecht verteilen, die Nüsse gerecht verteilen?

b) Es kommen noch 2 Kinder hinzu.
Wie viele Mandarinen kann jetzt jedes Kind bekommen? Bleibt etwas übrig?
Wie viele Nüsse kann jetzt jedes Kind bekommen? Bleibt etwas übrig?

c) An wie viele Kinder könntest du …
die Mandarinen ohne Rest verteilen, die Nüsse ohne Rest verteilen?

2 Schreibe zu jeder Malaufgabe die Geteiltaufgaben auf.

	5	·	6	=	3	0
3	0	:	6	=		5
3	0	:	5	=		6

a) 1 · 5, 10 · 5, 8 · 5
b) 10 · 7, 6 · 7, 9 · 7
c) 5 · 4, 9 · 4, 8 · 4
d) 3 · 8, 6 · 8, 10 · 8
e) 2 · 9, 4 · 9, 5 · 9

3 Rechne im Kopf.

a) 8 : 4, 12 : 4, 24 : 8, 48 : 8
b) 24 : 6, 42 : 6, 45 : 9, 90 : 9
c) 15 : 3, 30 : 3, 12 : 2, 24 : 4
d) 15 : 5, 30 : 5, 16 : 4, 64 : 8
e) 8 : 2, 20 : 2, 18 : 3, 18 : 9
f) 7 : 7, 35 : 7, 2 : 2, 21 : 3

4 Bilde Aufgabenfamilien.

a) 5 7 35

5 · 7 = ▒ 35 : 7 = ▒
7 · 5 = ▒ 35 : 5 = ▒

b) 6 8 48

6 · 8 = ▒ 48 : 8 = ▒
8 · 6 = ▒ 48 : 6 = ▒

5 Vergleiche. >, < oder =?

★

a)
45 : 9 ● 40 : 8
63 : 9 ● 35 : 7
27 : 9 ● 16 : 4
18 : 9 ● 18 : 3
81 : 9 ● 90 : 9

b)
35 : 7 ● 20 : 2
49 : 7 ● 15 : 3
56 : 7 ● 72 : 8
21 : 7 ● 14 : 7
70 : 7 ● 27 : 3

c)
10 : 5 ● 20 : 4
24 : 4 ● 18 : 6
18 : 2 ● 81 : 9
18 : 3 ● 25 : 5
35 : 5 ● 35 : 7

6 Familie Onat hat 4 Kinder. Die Kinder bekommen ihr Taschengeld.
Mutter Onat hat einen 20-€-Schein.
Wie kann sie ihn wechseln, damit jedes gleich viel Geld bekommt?

7 Tante Emma kommt zu Besuch. Sie bessert das Taschengeld der Kinder auf.
Sie schenkt jedem ihrer vier Neffen 6 €.

a) Sie hatte 60 € im Portmonee. Wie viel Geld behält sie übrig?

b) Die zwei großen Nichten kommen auch.
Wie viel Euro könnte sie ihnen schenken?

c) Wie alt ist Tante Emma?

8 Wir teilen mit System

a)

		2	:	2	=			1
	2	0	:	2	=		1	0
2	0	0	:	2	=	1	0	0
		6	:	2	=			3
	6	0	:	2	=			
6	0	0	:	2	=			

b) 3 : 3, 30 : 3, 300 : 3

c) 9 : 3, 90 : 3, 900 : 3

d) 8 : 2, 80 : 2, 800 : 2

e) 7 : 7, 70 : 7, 700 : 7

f) 8 : 4, 80 : 4, 800 : 4

g) 8 : 8, 80 : 8, 800 : 8

h) 9 : 9, 90 : 9, 900 : 9

i) 6 : 3, 60 : 3, 600 : 3

9

a)

	3	2	:	4	=		8	
3	2	0	:	4	=	8	0	

45 : 9, 450 : 9 — 24 : 6, 240 : 6 — 18 : 9, 180 : 9 — 21 : 3, 210 : 3

b)

	5	6	:	8	=		7	
5	6	0	:	8	=			

27 : 3, 270 : 3 — 42 : 6, 420 : 6 — 36 : 9, 360 : 9 — 49 : 7, 490 : 7

c)

	7	2	:	8	=		9	
7	2	0	:	8	=			

54 : 9, 540 : 9 — 48 : 6, 480 : 6 — 18 : 2, 180 : 2 — 28 : 4, 280 : 4

d)

	4	5	:	5	=		9	
4	5	0	:	5	=			

63 : 7, 630 : 7 — 18 : 6, 180 : 6 — 64 : 8, 640 : 8 — 36 : 4, 360 : 4

Halbschriftliche Division

Fatima hat Esskastanien gesammelt.
Sie hat 65 Kastanien in ihrem Rucksack.
Sie will sie mit ihren 4 Freunden teilen.

Die Aufgabe heißt:
65 **geteilt durch** 5

Ich teile die 65 auf:
65 **ist** 50 **plus** 15

Ich rechne nacheinander:
50 **geteilt durch** 5 **gleich** 10
15 **geteilt durch** 5 **gleich** 3

Ich zähle die Ergebnisse zusammen:
10 **plus** 3 **gleich** 13. Das Ergebnis 13 schreibe ich hinter die Aufgabe.

Fatima schreibt:

6	5	:	5			

6	5	:	5			
5	0					
1	5					

6	5	:	5			
5	0	:	5	=	1	0
1	5	:	5	=		3

6	5	:	5	=	1	3
5	0	:	5	=	1	0
1	5	:	5	=		3

Jeder erhält 13 Esskastanien.

1 Rechne wie Fatima. Es sind 5 Personen.

7	5	:	5

a) 75 Kastanien werden verteilt.
b) 90 Nüsse werden verteilt.
c) 80 Kastanien werden verteilt
d) 95 Nüsse werden verteilt.

2

a)	b)	c)	d)	e)
33 : 3	48 : 4	66 : 6	55 : 5	54 : 3
39 : 3	56 : 4	78 : 6	60 : 5	102 : 6
45 : 3	64 : 4	90 : 6	65 : 5	60 : 4
51 : 3	72 : 4	96 : 6	70 : 5	60 : 5
57 : 3	76 : 4	108 : 6	75 : 5	114 : 6

3

a)	b)	c)	d)	e)
24 : 2	84 : 7	96 : 8	99 : 9	26 : 2
28 : 2	98 : 7	112 : 8	117 : 9	104 : 8
32 : 2	105 : 7	120 : 8	135 : 9	34 : 2
36 : 2	119 : 7	136 : 8	144 : 9	128 : 8
38 : 2	133 : 7	144 : 8	162 : 9	108 : 9

4 Erstelle eine Rechenhilfe: Übertrage die Reihen in dein Heft und führe sie weiter.

20	30	40	50	60	70	80	90
40	60	80	100	120	140		
40	90						

5 Nutze deine Rechenhilfe.

a)	b)	c)	d)	e)
80 : 2	120 : 4	180 : 6	240 : 8	180 : 2
120 : 2	280 : 4	360 : 6	560 : 8	270 : 3
160 : 2	320 : 4	480 : 6	640 : 8	540 : 6
90 : 3	200 : 5	210 : 7	360 : 9	810 : 9
150 : 3	350 : 5	420 : 7	630 : 9	360 : 4

Fatima rechnet. Sie zerlegt geschickt.
Sie möchte 368 durch 8 teilen.

Fatima schreibt:

Die Aufgabe heißt:
368 **geteilt durch** 8

368 : 8

Ich sage mir die 80er-Reihe auf:
80, 160, 240, 320, 400.
400 ist zu viel, 320 passt.
Jetzt kann ich 368 geschickt aufteilen in 320 **plus** 48.

368 : 8
320
48

Ich rechne nacheinander:
320 **geteilt durch** 8 **gleich** 40
48 **geteilt durch** 8 **gleich** 6

368 : 8
320 : 8 = 40
48 : 8 = 6

Ich zähle die Ergebnisse zusammen:
40 **plus** 6 **gleich** 46. Das Ergebnis 46 schreibe ich hinter die Aufgabe.

368 : 8 = 46
320 : 8 = 40
48 : 8 = 6

6 Zerlege geschickt und rechne. Fertige nach Bedarf weitere Rechenhilfen an.

a)	b)	c)	d)	e)
128 : 8	296 : 4	192 : 6	288 : 9	198 : 2
152 : 8	336 : 4	264 : 6	495 : 9	198 : 3
264 : 8	364 : 4	408 : 6	837 : 9	198 : 6
512 : 8	235 : 5	189 : 7	395 : 5	372 : 4
584 : 8	475 : 5	273 : 7	434 : 7	360 : 8

Euro und Cent

1 a) Welche Spielzeuge kosten ungefähr 10 €?

b) Welche Spielzeuge kosten etwa 30 €?

2 Lena kauft sich Rollerblades und Gelenkschützer. Wie viel bezahlt sie?

Sie rechnet zuerst im Kopf …

… und dann genau.

	€		ct	
	2	7	4	9
+		9	1	0
				9

3 Lisa hat 43,86 € gespart. Sie kauft sich einen Puzzleball. Wie viel Geld hat sie noch?

Rechne zuerst im Kopf … 44 € − 13 € = … und dann genau.

	€		ct	
	4	3	8	6
−	1	2	5	9

4 Ole möchte das Uno-Spiel und das Halli-Galli-Spiel kaufen. Er hat noch 15 € Taschengeld. Reicht das Geld?

5 Murat hat von seinem Opa einen 20-€-Schein bekommen. Kann er dafür 3 Fußbälle für sich und seine Brüder kaufen? Begründe.

6 Ali und seine Mutter kaufen das Fußballtor für den Garten. Sie bezahlen mit einem 100-€-Schein. Wie viel bekommen sie ungefähr zurück?

7 Erzähle.

1 Euro = 100 Cent
1€ = 100 ct

8 a) Schreibe in ct: 5€, 8€, 2€, 4€, 10€.

b) Schreibe in €: 600 ct, 700 ct, 300 ct, 900 ct, 100 ct.

9 Du kannst Geldbeträge in eine Stellenwerttafel eintragen.
Das hilft dir beim Umrechnen von € in ct und umgekehrt.

	€	ct		
700 ct	7	0	0	700 ct = 7,00 €
532 ct	5	3	2	532 ct = 5,32 €
491 ct	4	9	1	491 ct = 4,91 €
279 ct				
826 ct				

Der rote Strich trennt € und ct. Wenn du den Betrag in € schreibst, muss dort ein Komma gesetzt werden.

Übertrage ins Heft und ergänze.

10 Schreibe die Beträge in eine Stellenwerttafel und rechne in € um.

a) 380 ct, 470 ct, 530 ct, 910 ct

b) 610 ct, 280 ct, 300 ct, 840 ct

c) 526 ct, 499 ct, 875 ct, 312 ct

€	ct		
3	8	0	380 ct = 3,80 €
4	7	0	

11 Schreibe die Beträge in eine Stellenwerttafel und rechne in ct um.

a) 8,50 €; 2,50 €; 6,30 €; 5,20 €

b) 3,90 €; 1,40 €; 8,50 €; 4,30 €

c) 5,70 €; 7,49 €; 6,14 €; 8,79 €

€	ct		
8	5	0	8,50 € = 850 ct
2	5	0	

Addition und Subtraktion von Geldbeträgen

1 Rechne zuerst im Kopf und dann genau.

6 € + 3 € =

	€		ct	
		5	6	0
+		3	2	0

a) 5,60 € + 3,20 €
2,40 € + 9,30 €
8,60 € – 4,40 €
7,50 € – 1,90 €

b) 6,87 € – 4,55 €
2,43 € + 3,51 €
1,04 € + 6,85 €
3,79 € – 1,41 €

2,32 € 2,38 € 4,20 € 5,60 € 5,94 € 7,89 € 8,80 € 11,70 € 13,75 €

2 Mona soll für ihr Kaninchen neues Futter und Streu für den Käfig einkaufen. Sie erstellt einen Einkaufszettel und überlegt, dass sie etwa 20 € braucht.
Wie viel gibt sie genau aus?

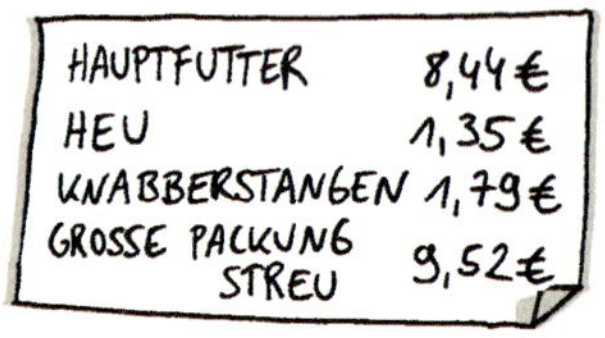

3 Monas Oma kauft für den Käfig noch einen neuen Napf für 3,70 €, eine Tränke für 5,73 € und ein Häuschen für 10,10 €. Wie viel hat sie ausgegeben?

4 Murat hat von seinem Taschengeld 39,79 € gespart. Er kauft für sein Aquarium neue Fische für 25,59 €. Wie viel Geld hat er dann noch?

5

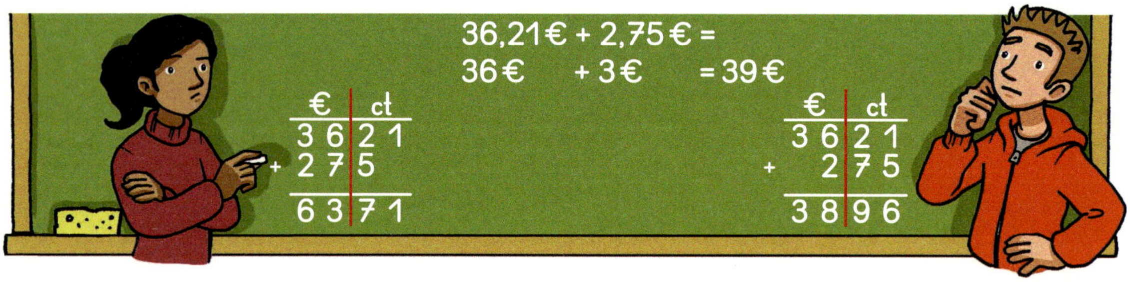

Was hat Fatima falsch gemacht?

6 Rechne zuerst im Kopf und dann genau. Kontrolliere mit dem Taschenrechner.

42 € + 5 € =

	€		ct	
	4	2	1	0
+		4	7	0

a) 42,10 € + 4,70 €
89,50 € – 6,30 €
74,20 € + 2,60 €
29,90 € – 3,80 €
67,70 € – 5,10 €

b) 17,10 € + 9,40 €
85,80 € – 3,40 €
35,70 € – 1,60 €
62,40 € + 7,50 €
42,20 € + 1,60 €

Schreibe Komma unter Komma. Beginne bei den Cent.

7 Paul hat in seinem Sparschwein 79,51 €.
Nun möchte er sich ein neues PC-Spiel für seinen Computer kaufen.
Reicht das restliche Geld, um sich noch die kabellose Maus zu kaufen?

8 Anna wünscht sich zum Geburtstag die Prinzessinnen-Tastatur für ihren Computer. Außerdem braucht sie DVDs und CD-Hüllen jeweils im 50er-Pack.
Wie viel müsste ihre Mutter dafür bezahlen?

9 Lena braucht neue DVDs für ihre Fotos. Sie kauft sich einen 50er-Pack DVDs und zwei 10er-Packs CD-Hüllen. Wie viele Fotos passen auf eine DVD?

10 Ole kauft sich die Piraten-Tastatur und eine einfache Maus.
Wie viel Wechselgeld bekommt er, wenn er mit einem 50-€-Schein bezahlt?

11 Murat möchte sich die kabellose Maus und die Piraten-Tastatur kaufen.
Wie viel würde er sparen, wenn er stattdessen die einfache Maus und die einfache Tastatur kaufen würde?

12 ★ Schreibe zuerst in Euro und rechne dann.

3,50 € + 420 ct =

3,50 € + 4,20 € =

	€	ct
	3	50
+	4	20

a) 3,50 € + 420 ct
6,80 € – 370 ct
2,10 € + 780 ct
8,10 € + 450 ct
5,90 € – 260 ct

b) 1,40 € + 810 ct
7,60 € + 220 ct
4,70 € – 110 ct
9,50 € – 430 ct
2,40 € + 520 ct

c) 4,60 € + 360 ct
9,50 € – 270 ct
3,80 € – 190 ct
5,60 € + 380 ct
7,30 € – 290 ct

d) 8,20 € – 590 ct
3,90 € + 480 ct
2,70 € + 360 ct
9,40 € – 280 ct
4,80 € + 360 ct

e) Finde selbst Aufgaben.

1,90 € 2,30 € 3,10 € 3,30 € 3,60 € 4,40 € 5,20 € 6,30 € 6,60 € 6,80 € 7,40 € 7,60 € 7,70 € 8,20 € 8,40 € 8,70 € 9,40 € 9,50 € 9,80 € 9,90 € 12,60 €

Ergänzen von Geldbeträgen

1 Erzähle.

Ich brauche 1 Euro.
Also fehlen mir 19 Cent.
Und wie viel fehlt dir noch?

81 ct + 19 ct = 1 €
52 ct + ▢ ct = 1 €

1 Euro = 100 Cent
1 € = 100 ct

2 Wie viele Cent fehlen bis zum vollen Euro? Ergänze.

42 ct + 58 ct = 100 ct

a) 42 ct 38 ct 94 ct 15 ct 9 ct

b) 12 ct 44 ct 83 ct 59 ct 6 ct

c) Finde selbst Aufgaben.

42 Cent plus 8 Cent und dann noch 50 Cent dazu …

3 Wie viele Cent fehlen bis zum nächsten vollen Euro? Ergänze.

Von 90 Cent bis 100 Cent fehlen …

a) 1,90 € 1,30 € 1,40 € 1,20 € 1,50 €

b) 5,70 € 6,10 € 2,80 € 4,60 € 8,30 €

c) 8,85 € 2,55 € 2,25 € 7,35 € 6,95 €

d) Finde selbst Aufgaben.

4 Übertrage ins Heft und ergänze.

★ a)

Preis	bezahlt	Wechselgeld
5,40 €	6 €	
8,60 €	9 €	
24,50 €	25 €	
13,70 €	15 €	
18,40 €	20 €	

b)

Preis	bezahlt	Wechselgeld
6,60 €		40 ct
17,80 €		20 ct
15,10 €		4,90 €
38,30 €		1,70 €
22,50 €		2,50 €

5 Dennis braucht neue Faserstifte und zwei Textmarker für die Schule. Ein Textmarker kostet 1,19 €. Die große Packung Faserstifte kostet 9,30 €. Da er nur einen 10-€-Schein dabei hat, kann er heute nur die Faserstifte kaufen. Wie viel Wechselgeld bekommt er zurück?

Multiplikation und Division von Geldbeträgen

1 Für Murat und seine Brüder werden 3 neue Jeans gekauft. Wie viel kosten die drei Hosen zusammen?

$28 \cdot 3 =$
$20 \cdot 3 = 60$
$8 \cdot 3 = 24$

2 Mona, Lena und Lisa kaufen sich zusammen 7 neue T-Shirts. Sie bezahlen 84 €. Haben sie einfarbige oder bedruckte T-Shirts gekauft?

3 Frau Schulz kauft für jedes ihrer 4 Kinder eine neue Jacke und 2 Blusen. Wie viel muss sie bezahlen?

4 Anna hat im Schlussverkauf genau 56 € bezahlt. Welche Kleidungsstücke könnte sie dafür gekauft haben?

5 Vier Spieler aus Pauls Fußballmannschaft brauchen neue T-Shirts für das Training. Paul darf für jeden dieser Spieler zwei einfarbige T-Shirts kaufen. Wie viel Geld muss ihm der Trainer für den Einkauf mitgeben?

6 Erfinde zu den Aufgaben Rechengeschichten.

a) 12 € · 4 b) 49 € · 4 c) 27 € : 9 d) 18 € · 2 e) 91 € : 7

7 Rechne. Kontrolliere mit dem Taschenrechner.

a)	b)	c)	d)	e)
52 € · 4	91 € · 6	24 € · 3	96 € : 8	344 € : 8
86 € : 2	74 € · 2	86 € : 2	92 € · 4	441 € : 7
73 € · 3	76 € : 4	61 € · 2	90 € : 6	174 € : 2
98 € : 7	61 € · 7	65 € : 5	72 € · 3	738 € : 9

Projekt „Klassenfrühstück“

1 Erstelle eine Einkaufsliste.

Einkaufsliste

1 Stück Butter

…

2 Wie viel wird der Einkauf ungefähr kosten?
Entscheide und begründe.

3 Wie viel kosten die 3 Becher Joghurt?

4 Wie viel kosten die 2 Packungen Wurst?

5 Tim und Fatima kaufen die Wurst, die Butter, den Joghurt und die Milch.
Wie viel bezahlen sie?

die Aufgaben des Projekts können mit dem Taschenrechner kontrolliert werden

6 Ina kauft die Äpfel und die Gurken im Obst- und Gemüseladen.
Wie viel haben die Äpfel gekostet?

7 ★ Die Brötchen kauft Paul beim Bäcker.
Er bezahlt 2,50 €. Dennis bringt das Müsli mit.
Es hat 2,79 € gekostet.
Wie viel kostet das Frühstück insgesamt?

8 Das Frühstück wird von der Klassenkasse bezahlt. Vor dem Einkauf waren noch 57,81 € in der Kasse. Wie viel Geld ist nach dem Einkauf übrig?

9 a) Oles Mutter hat für das Frühstück 2 Liter Apfelsaft und 1 Liter Orangensaft spendiert. Wie viel hat sie bezahlt?

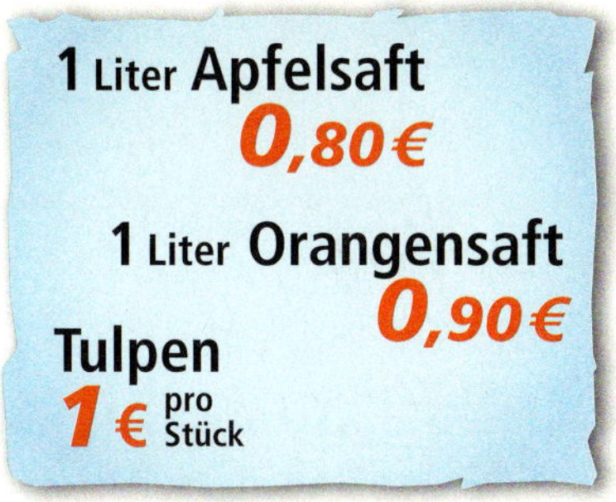

b) Für einen schönen Frühstückstisch schickt sie noch ein paar Blumen mit. Wie viel haben die 10 Tulpen gekostet?

c) Wie viel hat Oles Mutter insgesamt ausgegeben?

10 Du möchtest mit deiner Klasse frühstücken.
Erstelle deine Einkaufsliste.

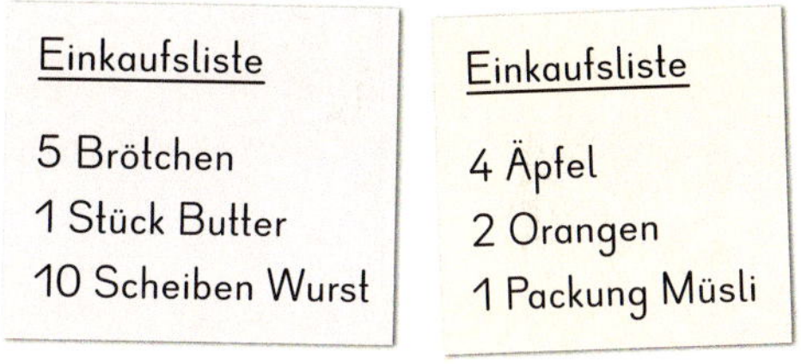

11 Wie viel würde dein Klassenfrühstück ungefähr kosten? Begründe!

12

Vergleiche die Kosten für dein Klassenfrühstück mit den Kosten, die du in Aufgabe 2 geschätzt hast.

13 Organisiert euer eigenes Klassenfrühstück.

Informiert euch dazu in verschiedenen Supermärkten:
Was kosten die Dinge auf eurer Einkaufsliste?

Wie viel wird euer Frühstück dann insgesamt kosten?

Wo könnt ihr am günstigsten einkaufen?

Wiederholung Längen

1

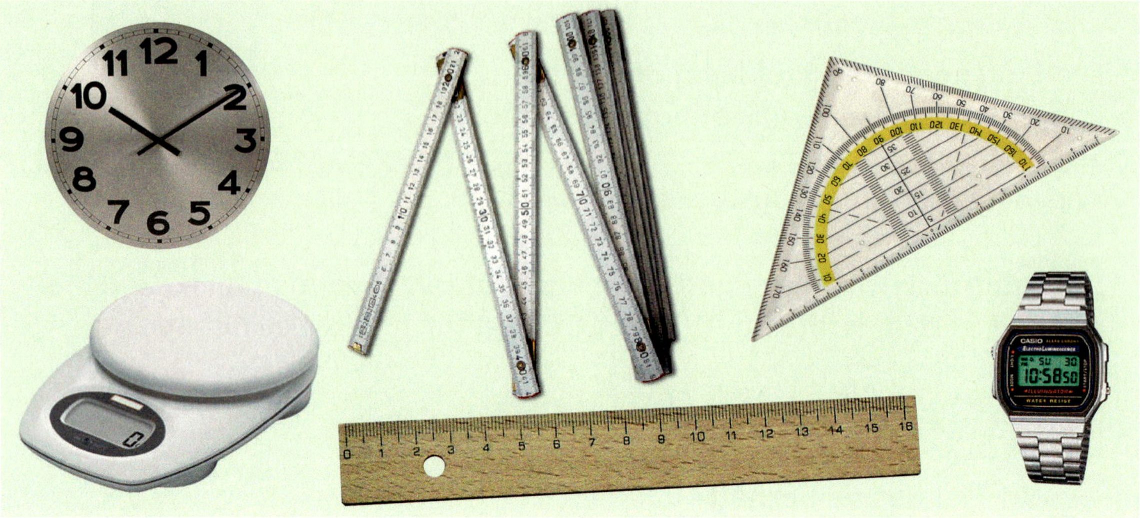

a) Wie heißen die Messgeräte?

b) Womit kannst du die Länge messen?

c) Kennst du weitere Geräte zum Messen der Länge?

2 Suche alle Längenangaben heraus. Schreibe sie ins Heft.

15 mm   48 cm   2 kg   39 cm   714 m
456 g   992 cm   66 km   8 min   362 €   378 kg

3 Welche Länge stimmt? Begründe.

12 cm | 24 cm

2 m | 4 m

2 cm | 10 cm

5 cm | 5 mm

4 Übertrage die Tabelle in dein Heft.

a) Finde passende Gegenstände.

b) Prüfe mit Lineal oder Maßband.

1 cm	10 cm	1 m
		Tafellineal

Zeichnen und Messen

1 a) Finde Gegenstände, die dünner als 1 cm sind.
Miss nach und schreibe auf.

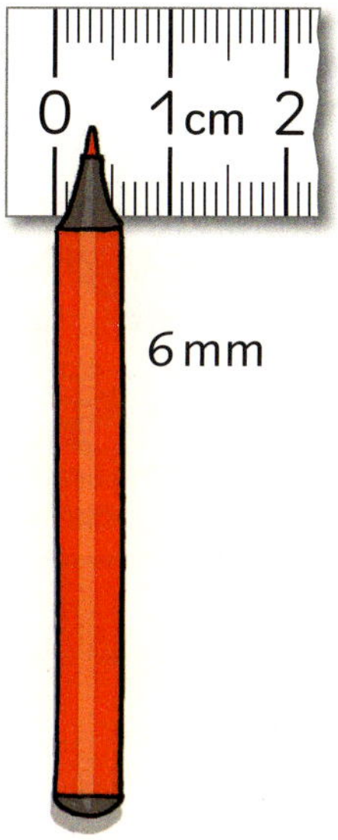

b) Nimm fünf verschiedene Stifte aus deiner Federtasche.
Schätze ihre Länge. Miss genau.
Schreibe in cm und mm.

Lege immer bei Null an.

2 Zeichne die Strecken in dein Heft.
Verwende dazu ein Lineal.

a) 10 cm   2 cm   5 cm   8 cm   14 cm

b) 4 cm 5 mm   9 cm 2 mm   12 cm 3 mm   1 cm 8 mm

3 Wie lang sind diese Strecken?

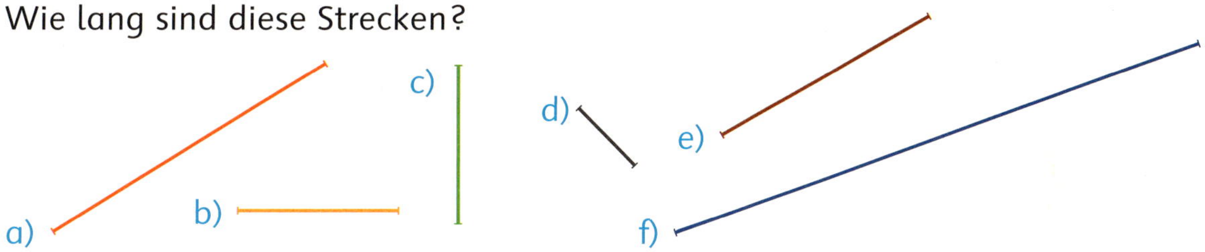

4 Zeichne verschiedene Strecken in dein Heft. Lass deinen Partner messen.

5 Zeichnen und Messen auf dem Schulhof

Zeichnet eure eigenen Spiele auf den Schulhof.
Überlegt vorher:
- Was benötigt ihr, um Geraden zu zeichnen?
- Wie groß soll eure Zeichnung ungefähr werden?

Messt die verschiedenen Strecken nach.
Markiert die längste
und die kürzeste Strecke farbig.

Zentimeter und Millimeter

1 Erzähle.

> 1 Zentimeter = 10 Millimeter
> 1 cm = 10 mm

2 a) Schreibe in mm: 5 cm 9 cm 17 cm 4 cm 3 mm 52 cm 8 mm

b) Schreibe in cm: 60 mm 40 mm 280 mm 760 mm 810 mm

c) Schreibe in cm und mm: 52 mm 14 mm 94 mm 563 mm 789 mm

3 Du kannst Längen in eine Stellenwerttafel eintragen.
Das hilft dir beim Umrechnen von mm in cm und umgekehrt.

	cm		mm	
74 mm		7	4	74 mm = 7,4 cm
36 mm		3	6	36 mm = 3,6 cm
294 mm	2	9	4	294 mm = 29,4 cm
58 mm				
713 mm				

> Der rote Strich trennt cm und mm. Wenn du die Länge in cm schreibst, muss dort ein Komma gesetzt werden.

Übertrage ins Heft und ergänze.

4 Schreibe die Längen in eine Stellenwerttafel und rechne in cm um.

cm	mm					
3	5	3	5 mm	=	3,5 cm	

a) 35 mm, 71 mm, 68 mm, 94 mm, 23 mm

b) 89 mm, 37 mm, 16 mm, 55 mm, 41 mm

c) 264 mm, 843 mm, 572 mm, 991 mm, 407 mm

5 Schreibe die Längen in eine Stellenwerttafel und rechne in mm um.

a) 4,2 cm
6,5 cm
8,8 cm
1,9 cm
5,3 cm

b) 8,7 cm
2,4 cm
9,3 cm
7,6 cm
4,8 cm

c) 13,2 cm
94,6 cm
65,1 cm
82,2 cm
37,9 cm

cm	mm	
4	2	4,2 cm = 42 mm

6 Wie lang sind die Strecken? Gib die Länge in 3 verschiedenen Schreibweisen an.

a) 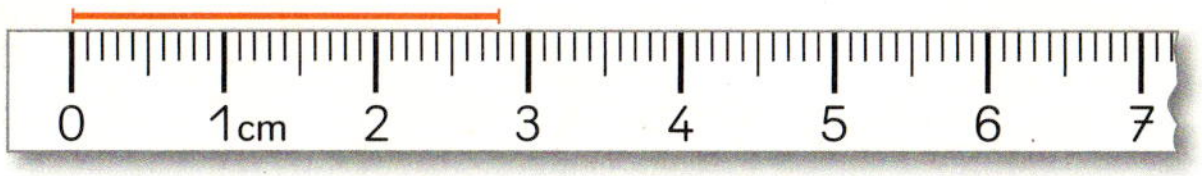

b) 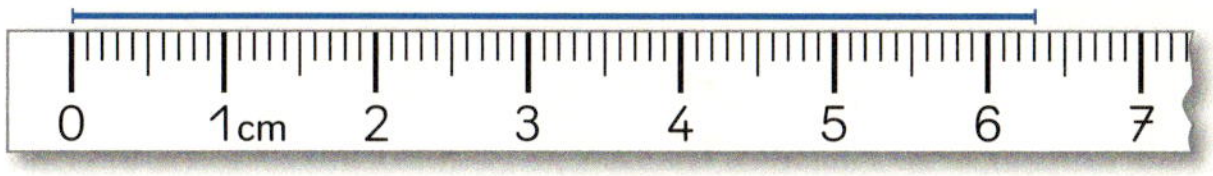

c) 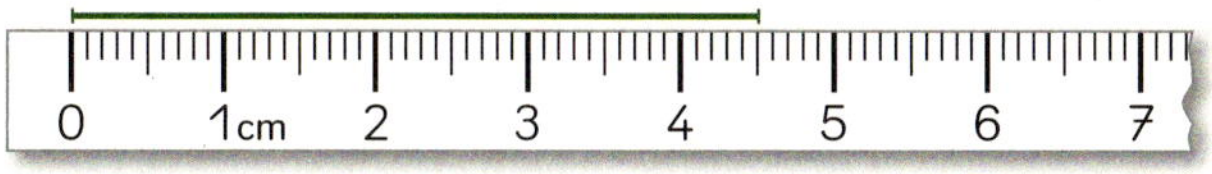

d)

e)

f)

	mm	cm und mm	cm
a)	28 mm	2 cm 8 mm	2,8 cm
b)			
c)			
d)			
e)			
f)			

7 Schreibe in mm. Vergleiche. >, < oder =?

a) 4,7 cm ● 57 mm
13 mm ● 2,3 cm
98 mm ● 8,9 cm
6,1 cm ● 61 mm
37 mm ● 4,6 cm

b) 32 mm ● 3,2 cm
56 mm ● 6,5 cm
2,4 cm ● 24 mm
85 mm ● 8,7 cm
7,1 cm ● 70 mm

c) 8,2 cm ● 92 mm
52 mm ● 5,8 cm
7,7 cm ● 87 mm
23 mm ● 3,2 cm
48 mm ● 4,8 cm

8 Schreibe in mm. Ordne.

a) Beginne mit der kürzesten Strecke.
26,5 cm 284 mm 235 mm 262 mm 28,9 cm

b) Beginne mit der längsten Strecke.
743 mm 78,2 cm 74,1 cm 769 mm 76,8 cm

9 Zeichne die Strecken in dein Heft.

a) 3,4 cm 6,1 cm 9,7 cm 5,3 cm

b) 14,2 cm 12,8 cm 17,3 cm 16,9 cm

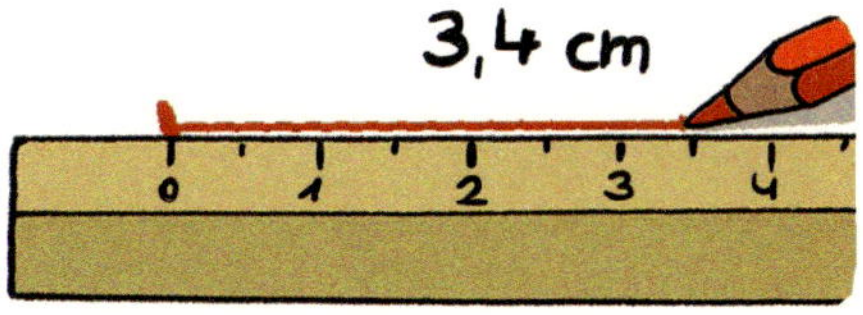

Meter und Zentimeter

1 Erzähle.

1 Meter = 100 Zentimeter
1 m = 100 cm

2 a) Schreibe in cm: 7 m 3 m 8 m 2 m 6 m

b) Schreibe in m: 500 cm 100 cm 300 cm 400 cm 900 cm

3 a) Schreibe in cm: 4 m 50 cm 3 m 26 cm 7 m 92 cm 6 m 84 cm 2 m 7 cm

b) Schreibe in m und cm: 385 cm 152 cm 798 cm, 433 cm 506 cm

4 Schreibe in cm. Ordne. Beginne mit dem kürzesten Beet.

Radieschen	Kräuter	Bohnen	Tulpen	Tomaten	Krokusse
3 m 17 cm	420 cm	2 m 80 cm	4 m 65 cm	278 cm	370 cm

5 Du kannst Längen in eine Stellenwerttafel eintragen.
Das hilft dir beim Umrechnen von cm in m und umgekehrt.

	m		cm		
600 cm		6	0	0	600 cm = 6,00 m
849 cm		8	4	9	849 cm = 8,49 m
371 cm		3	7	1	371 cm = 3,71 m
125 cm					
437 cm					

Der rote Strich trennt m und cm. Wenn du die Länge in m schreibst, muss dort ein Komma gesetzt werden.

Übertrage ins Heft und ergänze.

6 Schreibe die Längen in eine Stellenwerttafel und rechne in m um.

a) 760 cm
290 cm
380 cm

b) 845 cm
637 cm
916 cm

c) 380 cm
513 cm
792 cm

m	cm									
7	6	0	7	6	0 cm	=	7,	6	0	m

7 Schreibe die Längen in eine Stellenwerttafel und rechne in cm um.

m	cm									
2	8	0	2,	8	0 m	=	2	8	0	cm

a) 2,80 m
9,70 m
4,10 m

b) 1,94 m
5,72 m
8,66 m

c) 4,69 m
8,35 m
7,71 m

8 Im Schulgarten haben die Kinder der Klasse 5 a Feuerbohnen gepflanzt. Sie wetten: Die Pflanze, die zuerst einen Meter groß ist, hat gewonnen.

Wie viele Zentimeter fehlen noch?

9 Wie viele Zentimeter fehlen bis zum vollen Meter? Ergänze.

a) 47 cm 86 cm 39 cm 74 cm 95 cm

b) 29 cm 67 cm 13 cm 82 cm 4 cm

c) Finde selbst Aufgaben.

4 7 cm + 5 3 cm = 1 0 0 cm

47 und 3 und dann noch 50 Zentimeter dazu …

10 Wie viele Zentimeter fehlen bis zum nächsten vollen Meter? Ergänze.

Von 41 Zentimeter bis 100 Zentimeter fehlen …

a) 6,41 m 7,81 m 9,25 m 2,37 m

b) 8,53 m 6,78 m 1,94 m 5,19 m

c) Finde selbst Aufgaben.

Addition und Subtraktion von Längen

1 Rechne zuerst im Kopf und dann genau.

a) 5,32 m + 3,24 m
7,85 m – 5,41 m
4,17 m + 2,70 m
3,54 m + 8,13 m
9,79 m – 1,56 m

b) 8,75 m – 4,48 m
★ 1,26 m + 5,92 m
6,58 m + 1,17 m
2,48 m + 5,91 m
9,39 m – 6,74 m

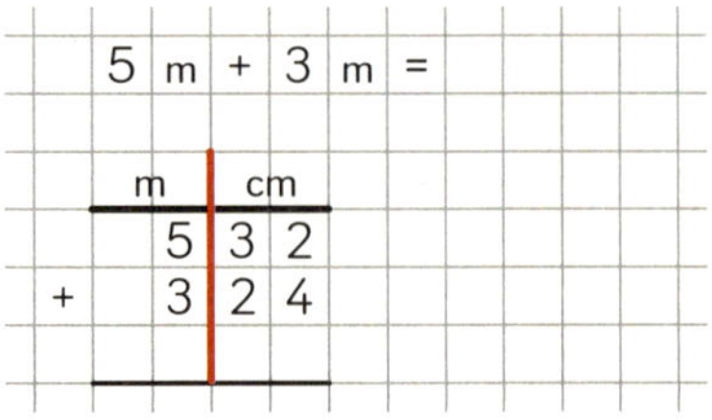

2,44 m 2,65 m 3,52 m 4,27 m 6,87 m 7,18 m 7,75 m 8,23 m 8,39 m 8,56 m 11,67 m

2 Schreibe zuerst in Zentimeter und rechne dann.

a) 2,46 m + 530 cm
6,75 m + 310 cm
1,32 m + 730 cm
9,84 m – 250 cm
7,67 m – 540 cm

b) 5,21 m + 290 cm
★ 4,15 m – 240 cm
6,46 m – 180 cm
1,87 m + 750 cm
4,93 m + 360 cm

175 cm 227 cm 466 cm 734 cm 753 cm 776 cm 811 cm 853 cm 862 cm 937 cm 985 cm

3 Mira und Tim basteln aus Draht verschiedene Figuren. Auf der Drahtrolle sind noch 15,70 m. Mira braucht für ihre Herzen insgesamt 4,55 m. Tim will verschiedene Zapfen herstellen und braucht 9,80 m.

a) Wie viel Draht brauchen beide Kinder zusammen?

b) Wie viel Draht ist nach ihren Bastelarbeiten noch auf der Rolle?

4 Auf dem Pausenhof machen die Kinder der Klasse 5 b einen Wettbewerb im Kirschkernweitspucken. Je zwei Kinder bilden ein Team und rechnen ihre Weiten zusammen.

a) Berechne für jedes Team die Gesamtweite.

b) Ordne die Teams nach ihrer Gesamtweite. Welches Team hat gewonnen?

c) Wie groß ist der Unterschied zwischen dem Sieger und dem letzten Team?

Multiplikation und Division von Längen

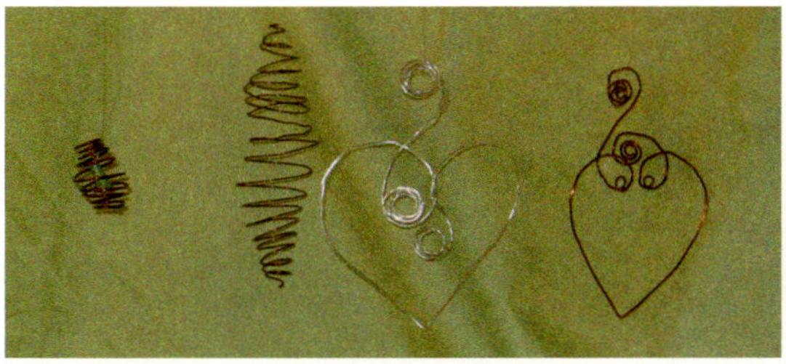

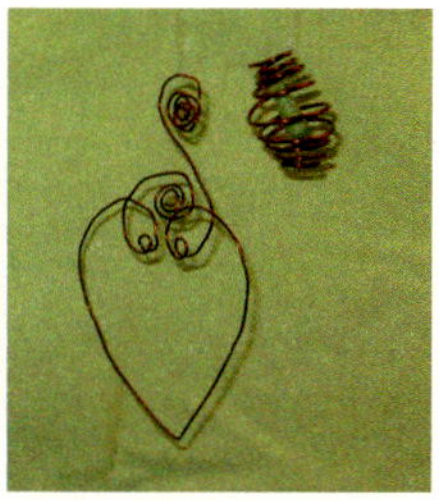

Die Kinder der Klasse 5 b basteln verschiedene Figuren aus Draht.

1 Für ein Herz braucht Lena 60 cm Draht. Sie stellt 8 Stück her.
Wie viele Zentimeter Draht verbraucht sie? Wie viele Meter sind das?

2 Anna möchte etwas größere Figuren herstellen und braucht pro Stück 85 cm Draht. Sie stellt 7 Stück her.
Wie viele Zentimeter Draht braucht sie? Wie viele Meter sind das?

3 Lisa und Dennis möchten lieber Zapfen herstellen. Ein großer Zapfen wird aus 120 cm Draht geformt. Für einen kleinen Zapfen sind nur 80 cm notwendig. Jedes Kind hat 720 cm Draht verbraucht.

a) Wie viele große Zapfen hat Dennis geformt?

b) Wie viele kleine Zapfen wurden von Lisa geformt?

4 Ömer hat zwei Teelichthalter gebaut. Dafür brauchte er jeweils 190 cm Draht. Weil er die Teelichthalter schön findet, möchte Murat 3 Stück für seine Mutter bauen. Wie viel Draht braucht Murat noch?

5 Oles Zimmer soll renoviert werden. Sein Vater hat ausgerechnet, dass er 13 Tapetenrollen braucht.

a) Eine Tapetenrolle ist 10 m lang.
Wie viele Meter Tapete haben sie jetzt?

b) Ole schneidet die Bahnen auf 3 m Länge.
Wie viele Bahnen erhält er aus einer Rolle?
Wie viel Tapete bleibt übrig?

c) Ole möchte noch eine Bordüre über die Tapete kleben. Er braucht 21 m seiner Lieblingsbordüre.
Eine Rolle hat 5 m. Wie viele Rollen muss er kaufen?

Kilometer

1 Erzähle.

1 Kilometer = 1 000 Meter
1 km = 1 000 m

2 a) Wie lang ist ein Kilometer? Lauft in der Umgebung eurer Schule einen Kilometer und führt Protokoll.

b) Wie lang brauchst du, um einen Kilometer zu laufen?

c) Teste beim Sport: Wie viel Zeit brauchst du, wenn du einen Kilometer rennst?

	Wo sind wir?	Zeit
100 m		
200 m		
300 m		
400 m		
500 m		
600 m		
700 m		
800 m		
900 m		
1 000 m		

3 a) Wie lang ist dein Schulweg? Schätze zuerst und informiere dich dann genau.

b) Erstellt eine Klassenliste alle Schulwege. Wer hat den längsten Schulweg?

4

500 m	1 km	10 km

Übertrage die Tabelle in dein Heft. Finde Strecken, die ungefähr passen. Informiere dich im Internet, ob deine Schätzung stimmt.

a) Beginne an deiner Schule.

b) Beginne bei dir zu Hause.

2 Möglichkeiten zum Messen: Wollknäuel, Messrad, Fahrrad mit Tachometer

Kilometer und Meter

1 Die Kinder der Klasse 5 b sollen 1 km laufen. Eine Stadionrunde ist 400 m lang.

a) Wie weit sind sie schon gelaufen?

b) Wie viele Meter fehlen noch?

2 Wie viele Meter fehlen bis zum vollen Kilometer? Ergänze.

6 0 0 m + = 1 0 0 0 m
4 0 0 m + = 1 0 0 0 m

a)	b)	c)
600 m	450 m	546 m
400 m	380 m	831 m
200 m	640 m	492 m
700 m	230 m	175 m
900 m	910 m	693 m

90 m 100 m 169 m 207 m 300 m 307 m 360 m 400 m 454 m 508 m 550 m 600 m 620 m 770 m 800 m 825 m

3 Du kannst Längen in eine Stellenwerttafel eintragen.
Das hilft dir beim Umrechnen von km in m und umgekehrt.

5 km 327 m
8 km 419 m
2 km 658 m
9 km 172 m
6 km 924 m

km		m		
	5	3	2	7
	8	4	1	9

5 km 327 m = 5,327 km
8 km 419 m = 8,419 km

Der rote Strich trennt km und m. Wenn du die Länge in km schreibst, muss dort ein Komma gesetzt werden.

Übertrage ins Heft und ergänze.

4 Schreibe die Längen in eine Stellenwerttafel und rechne in km um.

km	m		
7	3	0	0

7 km 3 0 0 m = 7,3 0 0 km

a)	b)
7 km 300 m	4 km 690 m
5 km 900 m	9 km 380 m
3 km 800 m	2 km 410 m
1 km 100 m	3 km 938 m
8 km 300 m	7 km 439 m

Reisen in Deutschland

1 a) Wie lang sind diese Strecken auf der Autobahn?

Rostock – Hamburg	München – Stuttgart	Potsdam – Magdeburg
Hannover – Dortmund	Frankfurt/Main – Köln	Freiburg – Karlsruhe

b) Finde selbst Strecken und bestimme ihre Länge.

2 a) Finde mit Hilfe von Atlas oder Internet heraus, wie weit diese Orte von deinem Wohnort entfernt sind: Stuttgart, München, Dortmund, Berlin, Hamburg, Frankfurt/Main, Magdeburg.

b) Ordne die Städte nach der Entfernung zu deinem Wohnort.

3 Wie lang sind diese Strecken auf der Autobahn?

a) München – Nürnberg – Würzburg – Kassel

b) Düsseldorf – Dortmund – Hannover – Magdeburg

c) Hamburg – Berlin – Dresden – Erfurt

d) Flensburg – Hamburg – Hannover – Kassel

e) Potsdam – Leipzig – Nürnberg – München

f) Finde selbst Strecken und rechne. 163 km + 107 km + km =

4 Welche Strecke ist länger?
Wie groß ist der Unterschied zwischen beiden Strecken?

a) **Berlin – Hamburg – Bremen** oder **Berlin – Hannover – Bremen**

b) **Frankfurt/M. – Stuttgart – München** oder **Frankfurt/M. – Nürnberg – München**

5 Herr Meier wohnt in Bremen und arbeitet in Hamburg. Er fährt von Montag bis Freitag jeden Tag mit dem Auto zur Arbeit und wieder zurück.

a) Wie viele Kilometer fährt er pro Tag?

b) Wie viele Kilometer fährt er pro Woche?

6 Frau Engel wohnt in Hannover. So oft wie möglich besucht sie ihre Enkel in Dortmund. Wie viele Kilometer fährt sie am Wochenende, wenn sie am Sonntag gleich wieder zurückfährt?

7 Ina und ihre Familie fahren dreimal im Jahr von Hannover zu ihrer Freundin nach Dresden. Fatima und ihre Familie fahren fünfmal im Jahr von Hannover zur Tante nach Köln.

a) Berechne für jede Familie die jährliche Gesamtstrecke.

b) Wie groß ist die Differenz zwischen beiden Gesamtstrecken?

Schriftliche Subtraktion im Ergänzungsverfahren

Tim möchte sich ein Fahrrad kaufen. Es kostet 325 €. Tim hat schon 193 € gespart. Sein Opa will ihm den Rest zum Geburtstag dazugeben. Wie viel Geld muss sein Opa noch dazugeben?

Tim schreibt:

Die Aufgabe heißt:
325 **minus** 193

Zuerst berechne ich die **Einer**:
Wie viel fehlt von 3 bis 5?
3 **plus** 2 **gleich** 5

	H	Z	E
	3	2	5
−	1	9	3
			2

Bei den **Zehnern**:
Wie viel fehlt von 9 bis 2?
Das kann ich nicht rechnen.
Ich verwende einen Rechentrick:
Ich denke mir zehn **Zehner** dazu.
Dann habe ich 12 **Zehner**.

	H	Z	E
		12	
	3	~~2~~	5
−	1	9	3
			2

Zum Ausgleich muss ich einen **Hunderter** mehr subtrahieren. Ich schreibe 1 bei den **Hundertern** dazu.

	H	Z	E
		12	
	3	~~2~~	5
−	1	9	3
	1		
			2

Nun kann ich bei den **Zehnern** rechnen:
Wie viel fehlt von 9 bis 12?
9 **plus** 3 **gleich** 12

	H	Z	E
		12	
	3	~~2~~	5
−	1	9	3
	1		
		3	2

Zum Schluss berechne ich die **Hunderter**:
1 **plus** 1 **gleich** 2
Wie viel fehlt von 2 bis 3?
2 **plus** 1 **gleich** 3

	H	Z	E
		12	
	3	~~2~~	5
−	1	9	3
	1		
	1	3	2

Opa muss ihm noch 132 € dazugeben.

Wechsel der Rechenrichtung: Ergänzen von unten nach oben

Klick! Mathematik 5

Herausgegeben von
Prof. Dr. Franz B. Wember, Nottuln

Erarbeitet von
Dr. Thomas Breucker, Dortmund; Doris Keuck, Geldern; Petra Thoß, Berlin; Ines Zemkalis, Rodewald

Unter Beratung von
Bärbel Becher, Karlsbad (Baden); Dr. Stefanie Breuers, Hilden; Meike Busch, Hannover;
Daniela Buss, Steyerberg; Kerstin Gärtig, Leipzig; Birgit Leuermann, Dortmund; Daniela Linde, Schönerlinde;
Cornelia Michalski, Leipzig; Dr. Axel Mittelberg, Osnabrück

Redaktion: Uwe Kugenbuch
Illustration: Timo Grubing, Münster
Umschlaggestaltung: Klein & Halm, Grafikdesign, Berlin
Layout und technische Umsetzung: Katrin Tengler

Bildnachweis:
S. 6: Peter Wirtz, Dormagen; S. 8: Peter Wirtz, Dormagen; S. 27: TEXAS INSTRUMENTS/Pressebild; S. 28: 1 Doris Keuck, Geldern; 2 Henrik Pohl, Berlin; 3–4 Matthias Hamel, Berlin; S. 29: 1 Doris Keuck, Geldern; 2 Peter Wirtz, Dormagen; 3 Matthias Hamel, Berlin; 4 Cornelsen Verlagsarchiv; S. 32: © 2009, 3B Scientific, Hamburg; S. 33: 1 Soehnle GmbH; 2–3 Cornelsen Verlagsarchiv; 4 Getty Images/RF; S. 52/53: Doris Keuck, Geldern; S. 55: 1 Peter Wirtz, Dormagen; 2, 5 Doris Keuck, Geldern; 3 Wikipedia/GNU/Stephan Kühn; 4 Cornelsen Verlagsarchiv; S. 56: Doris Keuck, Geldern; S. 58: 1 Peter Wirtz, Dormagen; 2 pictures alliance/dpa/Bernd Thissen; S. 74: 1–3 Doris Keuck, Geldern; 4 Stuttgart-Marketing GmbH; S. 75/76: Peter Wirtz, Dormagen; S. 77: Doris Keuck, Geldern; S. 87/88: Peter Wirtz, Dormagen; S. 102: 1 CASIO/Pressebild; 2 Karlson GmbH; 3 Cornelsen Verlagsarchiv; 4 Fotolia/Ouidji; S. 112: Wikipedia/ GNU/Andreas Praefke; S. 113: Bildarchiv Monheim/Jochen Helle; S. 117: 1, 3–4 Cornelsen Verlagsarchiv; 2 Wikipedia/GNU/Manfred Brückels; S. 118: Cornelsen Verlagsarchiv, außer: 1 Fotolia/Simonkr; 4 Rubik GmbH & Inc.; 8 Steirische Molkerei, Graz; 9 Peter Wirtz, Dormagen; S. 119: Peter Wirtz, Dormagen; S. 132: Cornelsen Verlagsarchiv, außer: 1 Karlson GmbH; 4 Soehnle GmbH; 6 CASIO/Pressebild; S. 138/139: Petra Thoß, Berlin; S. 142: Dr. Volkhart Binder, Berlin

www.vwv.de

1. Auflage, 1. Druck 2009

Alle Drucke dieser Auflage sind inhaltlich unverändert
und können im Unterricht nebeneinander verwendet werden.

Druck: CS-Druck CornelsenStürtz, Berlin

ISBN 978-3-06-081781-8

Inhalt gedruckt auf säurefreiem Papier aus nachhaltiger Forstwirtschaft.